高校生の「日々」を表現するスピーキング練習帳

監修・執筆
中野達也
(東京都立白鷗高等学校・附属中学校主任教諭)

| はじめに | 厳選した30個の「構文」を使って
スピーキングトレーニングを始めよう！ |

### 英語スピーキング上達のカギは「日々」にあり！

みなさんは普段、英語をどのように勉強していますか。単語を覚え、文法を知り、問題を解く。そんな勉強法ももちろん大事です。しかしそれと同じくらい、英語を「聞いたり」、「話したり」することも大事です。この本では「構文」を頼りに、実際に「話す」練習をしていきます。話すトピックは「日々の出来事」（＝自分の身の回りのこと）。日本語で友達や家族と話しているようなささいなことを英語で言ってみることで、英語へのハードルを低くし、楽しく学習できるようにしました。

### 日常的に使う構文＝受験にも必須！

先ほど「構文」を会話に使うと言いました。「構文」と聞くと大学受験に必要なもので、実際の会話には必要ないのでは、と思われる方も多いのではないでしょうか。しかしながら、ネイティブの会話、映画のセリフ、著名人のスピーチなどを調べてみると、日本で「構文」と言われているものが、文の「骨組み」として自然な形で話されている場面に多く遭遇します。また大学入試問題を分析すると、会話で使われるようなシンプルな構文を知ってさえいれば解ける問題が多いことも分かります。大胆な言い方をすると、実際に会話で使われている構文（＝骨組み）こそが受験に必要、という考え方ができるかもしれません。

### 構文は重要なものだけを「使いこなす」！

本書では、複雑な構文をたくさん覚えることより、シンプルかつ重要な構文30個を「使いこなせるようになる」ことに重きを置いています。本書で覚える構文の数自体は少ないですが、身の回りのことをシンプルに英語で伝えるためには十分な数と言えるでしょう。このようにして英語に親しむことが最終的には受験にも効いてくるのです。

### イラストを使ったアウトプット練習で「本当に話せる高校生」に！

イラストを見て状況を説明したりする問題は英検などでもおなじみですが、本書では各ユニットの最後にそのような「アウトプット問題」を用意してあります。構文を覚えて終わり、ではなく、その「運用」ができるようになって初めて「話せる」と言えます。是非この本で楽しく学んで、「話したいことを話せる高校生」を目指してください！

# CONTENTS

はじめに ———————————————————— P.003
ヒビスピ Q&A！ ———————————————— P.006
本書の構成 ———————————————————— P.008
本書の効果的な使い方 —————————————— P.010

**UNIT 1** 「…するのって〜だ」 ————————————— P.013
It is 形容詞 (for 人) to 動詞原形

**UNIT 2** 「…って〜だ」 ——————————————— P.017
It is 形容詞 that SV

**UNIT 3** 「…することは〜だと分かる」 ———————— P.021
S find it 形容詞 to 動詞原形

**UNIT 4** 「…するなんて…は〜だ」 —————————— P.025
It is 形容詞 of 人 to 動詞原形

**UNIT 5** 「〜するのは…だ」 ————————————— P.029
It is 名詞[代名詞／副詞] that 〜

QUOTE ———————————————————— P.033

**UNIT 6** 「…と同じくらい〜だ」 ——————————— P.035
SV as 形容詞[副詞] as A

**UNIT 7** 「…と同じ」 ———————————————— P.039
SV the same (＋名詞) as A

**UNIT 8** 「できるだけ…」 —————————————— P.043
SV as 副詞 as possible [S' can]

**UNIT 9** 「…すればするほど〜になる」 ———————— P.047
The 比較級 S' V', the 比較級 SV

**UNIT 10** 「もし…だったら〜するのに」 ———————— P.051
If S' V' 過去形, S could[would] 動詞原形

QUOTE ———————————————————— P.055

**UNIT 11** 「まるで…みたい」 ————————————— P.057
SV as if S' V' 過去形

**UNIT 12** 「…だったら〜するのに」 —————————— P.061
S would[could/might] 動詞原形

**UNIT 13** 「もし…がなかったら／あったら」 —————— P.065
Without[With] A, S would[could] 動詞原形

**UNIT 14** 「…だったらいいのになあ」 ————————— P.069
I wish SV 過去形

**UNIT 15** 「…するよりは〜したいよ」 ————————— P.073
S would rather 動詞原形1 than 動詞原形2

QUOTE ———————————————————— P.077

| UNIT 16 | 「とても…だから、〜だ」 — P.079 |
|---|---|
| | SV so 形容詞（＋名詞）[副詞] that S'V' |

| UNIT 17 | 「…できるように〜」 — P.083 |
|---|---|
| | SV so that S' can[will/may] 動詞原形 |

| UNIT 18 | 「…過ぎて〜できない」 — P.087 |
|---|---|
| | S is too 形容詞 (for 人) to 動詞原形 |

| UNIT 19 | 「…するために」 — P.091 |
|---|---|
| | SV in order to 動詞原形 |

| UNIT 20 | 「…するのに十分〜」 — P.095 |
|---|---|
| | 形容詞[副詞] enough to 動詞原形 ／ enough 名詞 to 動詞原形 |

QUOTE ——— P.099

| UNIT 21 | 「…が〜するのを手伝う」 — P.101 |
|---|---|
| | S help 人 (to) 動詞原形 |

| UNIT 22 | 「…と〜の両方／どちらか／どちらもない」— P.105 |
|---|---|
| | both A and B ／ either A or B ／ neither A nor B |

| UNIT 23 | 「…じゃなくて〜」 — P.109 |
|---|---|
| | not A but B |

| UNIT 24 | 「…に〜させる」 — P.113 |
|---|---|
| | S make 人 動詞原形 |

| UNIT 25 | 「…を〜してもらう／〜される」 — P.117 |
|---|---|
| | S have 物 過去分詞 |

QUOTE ——— P.121

| UNIT 26 | 「…が〜するのを見る／聞く」 — P.123 |
|---|---|
| | S see[hear] 人[物] 動詞原形[現在分詞] |

| UNIT 27 | 「…しようとも〜」 — P.127 |
|---|---|
| | No matter what[how/who/when/where] ..., SV |

| UNIT 28 | 「…せずにいられない」 — P.131 |
|---|---|
| | S can't help 動名詞 |

| UNIT 29 | 「〜しながら…／〜なので…／〜して…」 — P.135 |
|---|---|
| | ... , 現在分詞が導く句 |

| UNIT 30 | 「…したはずだ／したかもしれない」 — P.139 |
|---|---|
| | S should[may/must/could] have 過去分詞 ... |

QUOTE ——— P.143

アウトプット問題解答例 ——— P.146
全例文リスト ——— P.161

はじめはワカラナイことだらけ…。
だから！ 先生に！ 質問だ！

# ヒビスピQ&A！

この本はどんな本？これから始める練習は何に有効？などなど、いろいろ疑問があることだと思う。そこでこの本の中でみんなの学習をサポートしてくれる「先生」にあれこれ聞いてみよう！

**Q** この本はどんな本？

**A** 「身の回りのこと」、「日々思っていること」、「伝えたいこと」を表現してみる本！

僕たちは何のために英語を勉強するんだろう？「ハリウッドスターになるため」「世界中で使われるコンピューターシステムを開発するため」「紛争解決など、国際貢献をするため」「日本に来た外国人に英語で日本を紹介するため」など…みんなそれぞれの目的があると思う。そんな目的を達成するための第一歩として有効なのが**「身の回りのことを英語で言ってみる」**こと。みんなは生活の中で「学校」「部活」「家族」「趣味」「恋愛」など、いろいろなことについて自然に話をしているよね。**普段は日本語で用が済んでしまうこのようなことをあえて英語で表現してみることで、英語がグッと身近なものになる。**これなら「英語の勉強をするぞ！」と身構えずに、気楽に「ゲーム感覚」で取り組むことができる。これは「英語が大嫌い！」っていう「食わず嫌いな人」にも是非一度試してみてもらいたい方法なんだ。

**Q** この本でトレーニングするとどうなるの？

**A** 「構文」をしっかり定着させながら英語を「話す」ことができるようになる。

「伝えたいことを英語で表現する」ために、この本では「構文」を使う。**構文は言ってみれば「文のホネグミ」のようなもの**。このホネグミがしっかり頭に入ってさえいれば、あとは単純な単語の入れ替えで、さまざまなことを相手に伝えることができる。この本ではまず1つのユニットにつき10個の例文を使って声出し練習をして、構文の形を体得する。その後、イラストを見て、その状況を構文を使って言ってみる練習をする。**この2段階の練習で、構文の定着と運用（使いこなし）までを自然な形で実現することができるんだ。**1つのユニットが終わったら、その構文を使って、友達と実際に英語でいろいろ話してみよう。これが英語スピーキング力アップの秘訣だよ！

**Q** 構文って、なんかいかにも「受験勉強」って感じがして「会話」に結びつかない気がするんですが…。

**A** そもそも「構文」の定義自体があいまいなもの。堅苦しく考えず、「英語を話すための便利なツール」と捉え直してみよう！

「構文とは？」と尋ねられても、「特定のことを言うための単語のカタマリ」とか「熟語の一種」とか「文法の一種」とか…実は英語の先生たちの中でも、**その定義はあいまい**。だから「構文？なんかメンドクサイ！」というこれまでのイメージを一回崩して、単純に「英語を話すために使う道具」として考えてみよう。この本では構文をいかにも「構文です！」って感じには扱わないから、軽い気持ちで練習に打ち込めると思うよ。リラックスして英語でのスピーキングを楽しんでいこう。

**Q** 受験のことが気になっているんですが、この本に載ってる構文の数、少なくないですか…？受験には役に立つの？

**A** もちろん！

センター試験や国公立大、私立大学の過去問を調べると、実は「その構文を知っていないと解けない」という問題は少ないんだ。もしあったとしても、**この本で扱うようなシンプルな構文をしっかり押さえていればばっちり対応できる**。だから"A is to B what C is to D"みたいなフクザツな構文を100個も150個も一生懸命覚えるのは、言い方は悪いけど**時間の無駄**とも言える。「シンプルだけど、必須」のコア構文30個をカンペキに使いこなすことに時間を割こう。そうすれば、英語で話すことはもちろん、受験にも役立つよ！

# 本書の構成

本書は「1ユニット4ページ」の構成になっています。

### ❶ 日常会話／受験ゲージ
そのユニットで学習する構文の「受験での出題頻度」と「日常会話で使われる頻度」を5段階の数値で表しました。5に近づくほど頻度が高いことを示します。

### ❷ 日々の会話
そのユニットで学習する構文を使った簡単な会話です。ここで、日常的な会話の中で構文がどのように使われるかをしっかり確認しましょう。CDで音声も確認しましょう。

### ❸ 文のホネグミ！
構文の成り立ちを目に見える形で表示してあります。黒字の部分を残し、色文字の部分を入れ替えれば、いろんなことが表現できることを目で見て理解しましょう。

### ❹ ワンポイント！
学習する構文についての解説です。その構文の持つニュアンスや、派生した形など情報満載です。しっかり読みこんでおくと、定着度が違います。

### ❺ 「日々の練習」ページ
学習する構文を使った例文が10個用意されています、学習手順（→P.10）に従って練習をしましょう。

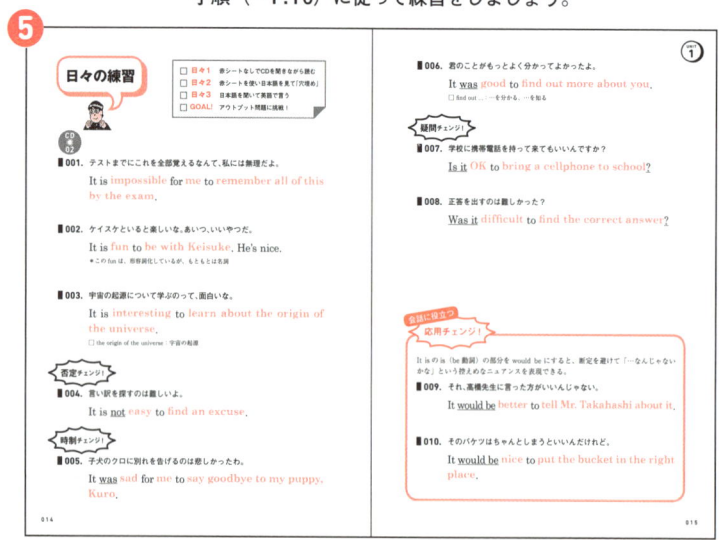

### ❻ アウトプット問題
そのUNITで練習した構文を使って、実際に英語を考えて話してみます。イラストとヒントを見て、構文を使った英語の1文を言ってみましょう。慣れてきたらヒントに挙げてある単語以外を使って自由に1文を言ってみましょう。
いろいろ英文を作ってみたら、P.146〜P.160の解答例を確認しましょう。

### ❼ さらに
アウトプット問題まで終わったらここを最後に読んで、この構文に関わるいろいろな知識を身に付けましょう。

## 「QUOTE」ページ

各界の著名人や歴史上の偉人のスピーチや発言、映画のセリフ、ことわざや慣用表現などで、それまで学習した構文が実際に使われていることを確認します。5ユニットごと、2つの構文をピックアップして紹介します。構文が実際の会話に役に立つということをイメージしながら解説と合わせて読んでください。

※QUOTE（クォート）とは「引用句、引用文」の意味で、転じて「格言」「名言」「ことわざ」という意味を表すことがあります。

### QUOTE（英語）

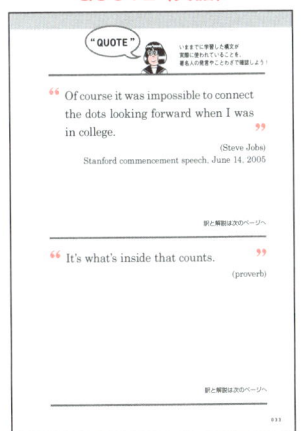

### 日本語訳と解説

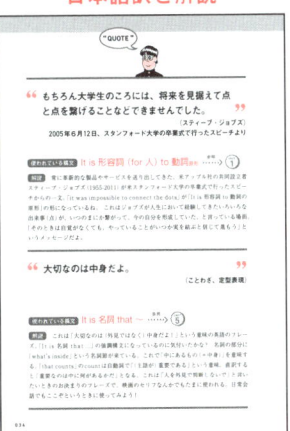

# 本書の効果的な使い方

この本は受験に頻出の構文をしっかり定着させながら「日常会話」に活かすことを目的にしています。1つのユニットに4日かければ、1日にかける時間は少なくてすみ、かつ4日間同じ構文について学ぶ「反復の効果」で定着度がアップします。ここでは「日々の練習」コーナーを3日に分けて、4日目に「アウトプット問題」に挑戦する学習方法をご紹介します。

- ☐ **日々1** 赤シートなしでCDを聞きながら読む
- ☐ **日々2** 赤シートを使い日本語を見て「穴埋め」
- ☐ **日々3** 日本語を聞いて英語で言う
- ☐ **GOAL!** アウトプット問題に挑戦！

## 1日目 構文の構造確認と例文の理解

### ❶ 構文の構造と概要を理解する

1ページ目の「日々の会話」「文のホネグミ！」「ワンポイント！」を読んで構文の構造をつかみます。「日々の会話」はCDで音声も確認しましょう。

### ❷「日々1」を実践

「日々の練習」ページに進みCDで該当トラックを聞きながら、日本語と英語の例文をテキストで確認しましょう。英語はナレーションにかぶせるように声に出して読んでみるとよいでしょう。
「日々の練習」の例文の形には随時4種類の「チェンジ」が起こります。

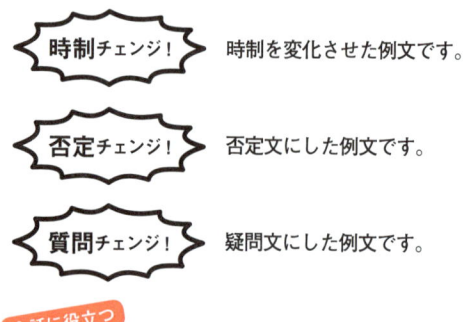

**時制チェンジ！** 時制を変化させた例文です。

**否定チェンジ！** 否定文にした例文です。

**質問チェンジ！** 疑問文にした例文です。

**会話に役立つ 応用チェンジ！** より日常的な会話で使うような表現に近づけた形です。

## 2日目 例文を「穴埋め」しながら暗記

赤シートを例文にかぶせ、日本語を見ながら、シートで隠れている部分を「穴埋め」する感覚で英文を作っていきます。ここで英語の例文10個を覚えてしまいましょう。

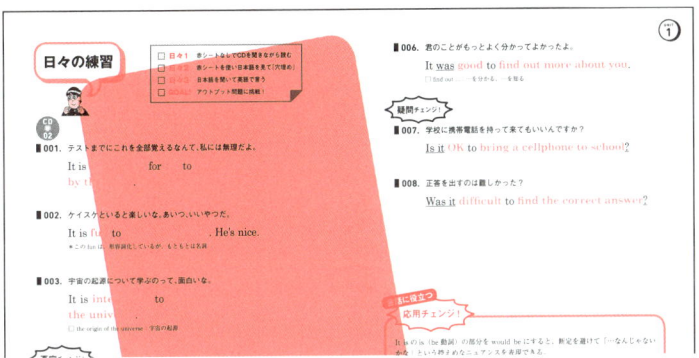

## 3日目 日本語を聞いて英語を言う練習

本を見ずにCDで日本語を聞いて、それに対応する英語をすぐに言ってみます。はじめのうちは日本語が流れたら一時停止して、英語を考えてから言ってみましょう。
慣れてきたらCDを止めずにやってみます。英語ナレーションに追いつかれないように英語を言い切れたら完璧！

## 4日目 GOAL！ アウトプットして構文を「使える」ようにし、派生情報を知る

「アウトプット問題」に進みます。イラストと説明を頼りに、学習した構文を使って、英文を作ってみましょう。もちろん解答は1つだけではありません。考えられる英文を自由にどんどん言ってみましょう。解答例を巻末P.146〜P.160に用意してありますので参考にしてください。問題を解き終わったら「さらに」を読んで、その構文の派生情報の知識を得ましょう。

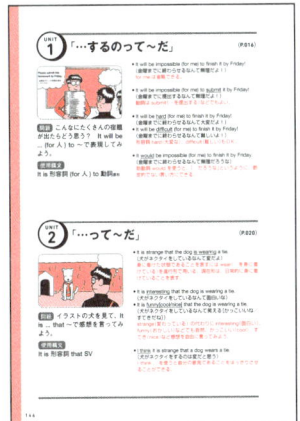

本書で使用する記号
S…主語　V…動詞　O…目的語　C…補語

解答は巻末P.146〜P.160にあります。

# CDについて

本書にはCDが1枚付いています。「日々の練習」で利用する以外にも、毎日のちょっとした空き時間（登下校中、昼休みなど）を利用して聞くのもいいでしょう。日本語→英語の順で収録されているので、「日本語を聞いて英語に直す」練習を場所や時間を問わずやってみましょう！

## CDの構成

### 各ユニットごとに

・日々の会話
・日々の練習
　例文 日本語→英語×10
全60トラック収録

## CDの活用例

### いつでもどこでも！

mp3プレーヤーなどに音声を入れれば、通学電車の中などで聞けます。

### 復習に！

UNITの学習が終わった後も、時々CDの日本語を聞いて英語に直す練習をしてみましょう。会話に必要な反射神経が鍛えられます。

### ディクテーションに！

英語を聞いて一時停止し、ディクテーションするなどの練習もリスニング力のアップに有効です。

●弊社制作の音声CDは、CDプレーヤーでの再生を保証する規格品です。
●パソコンでご使用になる場合、CD-ROMドライブとの相性により、ディスクを再生できない場合がございます。ご了承ください。
●パソコンでタイトル・トラック情報を表示させたい場合は、iTunesをご利用ください。iTunesでは、弊社がCDのタイトル・トラック情報を登録しているGracenote社のCDDB（データベース）からインターネットを介してトラック情報を取得することができます。
●CDとして正常に音声が再生できるディスクからパソコンやmp3プレーヤー等への取り込み時にトラブルが生じた際は、まず、そのアプリケーション（ソフト）、プレーヤーの製作元へご相談ください。

 受験 5 4 3 2 1 0 1 2 3 4 5 日常

# 「…するのって〜だ」

**日々の会話**

"It is important for me to come home early."
"To see the Toyo Boys' TV show?"

「私にとって、早く家に帰るのは大事なことなの」
「Toyo Boys のテレビ番組を見るために？」

### 文のホネグミ！

**It is 形容詞（for 人）to 動詞原形**

意味：（人にとって）動詞することは形容詞だ

### ワンポイント！

上の会話の日本語を英語に直訳すると、「早く家に帰るのは」が主語だから、To come home early is important for me. になりそうだね。でも、なんだか頭でっかちでバランスが悪い感じがしない？　これも間違いではないんだけど、英語はもっとスマートにいきたい言語なんだ。だから、こういうときには、**「とりあえず」It を文頭に置いて**、It is important for me to come home early. とする。主語が It だけになってスッキリしたね。この It のことを**「形式主語」**、そして後ろに持っていった本来の主語 to come home early を**「真主語」**と呼ぶ。for me の部分は、その後に続く to 不定詞（この場合は to come home early）の**「意味上の主語」**と呼ばれているけど、人を限定せずに「一般論」を言いたいときには普通は省略するよ。

013

- ☐ 日々1　赤シートなしでCDを聞きながら読む
- ☐ 日々2　赤シートを使い日本語を見て「穴埋め」
- ☐ 日々3　日本語を聞いて英語で言う
- ☐ GOAL!　アウトプット問題に挑戦！

■001.　テストまでにこれを全部覚えるなんて、私には無理だよ。

It is **impossible** for **me** to **remember all of this by the exam**.

■002.　ケイスケといると楽しいな。あいつ、いいやつだ。

It is **fun** to **be with Keisuke**. He's nice.

＊このfunは、形容詞化しているが、もともとは名詞

■003.　宇宙の起源について学ぶのって、面白いな。

It is **interesting** to **learn about the origin of the universe**.

☐ the origin of the universe：宇宙の起源

■004.　言い訳を探すのは難しいよ。

It is <u>not</u> **easy** to **find an excuse**.

■005.　子犬のクロに別れを告げるのは悲しかったわ。

It <u>was</u> **sad** for **me** to **say goodbye to my puppy, Kuro**.

**006.** 君のことがもっとよく分かってよかったよ。

It was good to find out more about you.

□ find out ... : …を分かる、…を知る

**疑問チェンジ！**

**007.** 学校に携帯電話を持って来てもいいんですか？

Is it OK to bring a cellphone to school?

**008.** 正答を出すのは難しかった？

Was it difficult to find the correct answer?

**会話に役立つ 応用チェンジ！**

It is の is（be 動詞）の部分を would be にすると、断定を避けて「…なんじゃないかな」という控えめなニュアンスを表現できる。

**009.** それ、高橋先生に言った方がいいんじゃない。

It would be better to tell Mr. Takahashi about it.

**010.** そのバケツはちゃんとしまうといいんだけれど。

It would be nice to put the bucket in the right place.

> **アウトプット問題**

こんなにたくさんの宿題が出たらどう思う？ It will be ...(for 人) to ~で表現してみよう。

ヒント：不可能な＝ impossible、…を終わらせる＝ finish

➡ 解答例は P.146

> **さらに**

### 「It 一般動詞 to 動詞の原形」「It is 名詞 to 動詞の原形」

実は形式主語構文には、「It is 形容詞 to 動詞の原形」の形だけではなく、「It 一般動詞 to 動詞の原形」の形もあるんだ。覚えておくと便利だよ。①「時間がかかる」It took (me) about an hour to finish this homework.（この宿題を終わらせるのに約1時間かかった）②「お金がかかる」It cost (me) about 20,000 yen to buy a new electronic dictionary.（新しい電子辞書を買うのに約2万円かかった）。「時間がかかる」と「お金がかかる」では、動詞が異なる点も面白いね。また、「It is 名詞 to 動詞の原形」の形もある。例えば、It is fun to play tennis.（テニスをするのは楽しい）の fun はこの場合名詞と考えられるよ。実はこの形、「日々の練習」の 002 でも出てきたけど気付いたかな？

# UNIT 2 「…って〜だ」

受験 5 4 3 2 1 0 1 2 3 4 5 日常

CD 03

日々の会話

"It is **strange** that Minami is late."

"Yeah, she is always on time."

「ミナミが遅れるなんて、変だね」
「ええ、いつも時間通りだものね」

### 文のホネグミ！

## It is 形容詞 that SV

入替　　　　入替

意味：ＳＶということは、形容詞だ

### ワンポイント！

「英文をスッキリさせる」**形式主語構文**で、真主語になるのは to 不定詞（to 動詞の原形）だけじゃないんだよ。**It is ... that 〜**の形で **that 節が真主語**になることもあるんだ。上の会話では、真主語は that Minami is late だということは分かるね？　ほかにもいろいろな「名詞節」や「名詞句」を真主語にすることができる。例えば① It does not matter <u>where she is from</u>.（彼女がどこの出身だろうと構わない）、② It is no use <u>crying over spilled milk</u>.（こぼれたミルクを嘆いても無駄だ＝覆水盆に返らず）の下線部が真主語。**①は疑問詞が作る名詞節、②は動名詞が作る名詞句が真主語**になっている。ちなみに、その文が「形式主語構文」かどうかは、真主語と思われる部分を形式主語 it の位置に入れてみて、文が成立するかどうかチェックすると分かる。①なら <u>Where she is from</u> does not matter. で意味は通じるね。

| □ 日々1 | 赤シートなしでCDを聞きながら読む |
| □ 日々2 | 赤シートを使い日本語を見て「穴埋め」 |
| □ 日々3 | 日本語を聞いて英語で言う |
| □ GOAL! | アウトプット問題に挑戦！ |

■ 001. うちの野球部、地区大会で優勝したんだって、すごいな！

It is **amazing** that **our baseball team won the district tournament**!

□ district tournament：地区大会（トーナメント）

■ 002. 彼女、電車でおばあさんに席を譲ってあげたなんて偉いな。

It is **great** that **she offered her seat to an old woman in the train**.

□ offer one's seat to ...：…に席を譲る

■ 003. コウタがマキに何かひどいことを言ったのは明らかだよ。

It is **clear** that **Kota said something terrible to Maki**.

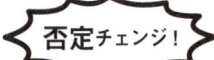

■ 004. いつも私がみんなにプリントを配らないといけないのは、不公平だよ。

It is <u>not</u> **fair** that **I always have to give handouts to everyone**.

□ fair：公平な　□ handout：プリント

> 時制チェンジ！

■005. カズキがそのテストで満点を取ったなんて驚きだった。

It was surprising that Kazuki got full marks on the test.

□ get full marks：満点を取る

■006. お父さんが日曜日に仕事しないといけないなんて、珍しかった。

It was unusual that my father had to work on Sunday.

> 疑問チェンジ！

■007. コウタがマミを好きだって本当？

Is it true that Kota likes Mami?

■008. 僕、お昼休みの前におなかがすくんだけど、普通かな？

Is it normal that I get hungry before lunch break?

> 会話に役立つ 応用チェンジ！

I think（…と思う）を付けると、自分の意見を伝えられる。

■009. 春眠いのは自然なことだと思うよ。

I think it is natural that people feel sleepy in the spring.

I heard（…らしい）で、うわさで耳にしたことを表現できる。

■010. もうすぐ大きな発表が行われる可能性があるって聞いたよ。

I heard it is possible that a big announcement will be made.

## アウトプット問題

イラストの犬を見て、It is ... that 〜で感想を言ってみよう。

ヒント：奇妙な・変わっている＝ strange、ネクタイをしている＝ be wearing a tie

▷ 解答例は P.146

## さらに

### 「It is 形容詞 that S (should) V」

「It is 形容詞 that ...」の形容詞が natural や surprising、strange のように「当然・驚き・奇妙」など**「感情や主観的な判断」**を表す場合、It is natural that he should get angry with you.（彼が君に怒るのも当然だ）と that 節に**助動詞 should を用いる**ことがある。これは「推定の should」と呼ばれ、「彼が怒っているかもしれない」という主観を述べるときに使う。ただし、明らかな事実であれば It is natural that he gets angry with you. で OK（直説法）。また、necessary、important などを使って**「要求・勧告」**を表したい場合、It is necessary that she should leave here soon.（彼女はすぐにここを立ち去る必要がある＝立ち去ってもらいたい）のように、should を付けるか、It is necessary that she leave here soon. のように、動詞を**原形**（仮定法現在）にするんだ。

# UNIT 3 「…することは〜だと分かる」

受験 5 4 3 2 1 0 1 2 3 4 5 日常

日々の会話

"What was your problem with the drama club?"

"**I found it difficult to get along with them**."

「演劇部と何が問題になってたの？」
「彼らと仲良くやっていくのは難しいって分かったよ」

### 文のホネグミ！

**S find it 形容詞 to 動詞原形**

意味：Sは動詞することが形容詞だと分かっている

### ワンポイント！

英文をスッキリさせる方法第3弾！　今度は目的語。この例文は、

I found it difficult to get along with them.
S V O C　　　　真目的語

のいわゆる「第5文型」。**目的語を「とりあえず」itとして、本当の目的語（真目的語）を後ろに置く形**だね。このitを**「形式目的語」**と呼ぶんだ。to不定詞のほかにthat節を真目的語にすることもできるよ。例えば、We found it surprising that a 5-year-old girl made such a delicious cake.（5歳の女の子があんなにおいしいケーキを作るなんて驚きだった）っていうようにね。形式目的語itを置くことができる動詞には、findのほかに、**think（思う）、consider（考える）、believe（信じる）**などがあるよ。

## 日々の練習

- ☐ 日々1　赤シートなしでCDを聞きながら読む
- ☐ 日々2　赤シートを使い日本語を見て「穴埋め」
- ☐ 日々3　日本語を聞いて英語で言う
- ☐ GOAL!　アウトプット問題に挑戦！

CD 06

**001.** 毎朝8時に家を出る必要があると、彼は気付いている。

He finds it necessary to leave home at 8 o'clock every morning.

**002.** 熱いお風呂に入った後は眠りやすいと知っている。

I find it easy to go to sleep after a hot bath.

### 時制チェンジ！

**003.** 予備の電池を持っておくと便利だと分かった。

We found it useful to have an extra battery.

**004.** コウタもうちの部に入ったなんて信じられなかった！

I found it hard to believe that Kota joined our club too!

**005.** その電車に間に合うのは無理だって分かった。

I found it impossible to make it to the train.

☐ make it to the train：その電車に間に合う

**006.** 物理のテストで高得点を取るのは大変だって、彼女分かるだろうね。

She <u>will find</u> it **hard** to **get a high score on the physics test**.

□ get a high score：高得点を取る　□ physics：物理（学）

否定チェンジ！

**007.** 彼は今日、傘を持って行く必要があるとは思わなかった。

He <u>didn't</u> find it **necessary** to **take an umbrella today**.

疑問チェンジ！

**008.** そのソファに座るのは気持ちいいって分かった？

<u>Did you</u> find it **comfortable** to **sit on the sofa**?

応用チェンジ！

助動詞 would を用いると「…と分かるだろうになぁ…」という想像が表現できる。

**009.** 携帯を持つと便利だって、彼も分かるだろう。

He <u>would</u> find it **convenient** to **have a cellphone**.

助動詞 might（…かもしれない）は、may よりも少し可能性が低いニュアンス。

**010.** 僕の汚れた服を全部洗うのは大変だって、お母さん気付くかもしれないな。

My mother <u>might</u> find it **tough** to **wash all my dirty clothes**.

□ tough：きつい、つらい

> **アウトプット問題**

これ以上食べられそうになかったら何と言う？ I find it ... to ~ を現在進行形にして答えてみよう。

ヒント：大変だ＝ hard、それを全部食べる＝ eat it all

▷ 解答例は P.147

> **さらに**

### 形式目的語を使った重要表現

形式目的語を使った慣用的表現をいくつか紹介するね。

- I **make it a rule** to get up at 5:00 every morning.（私は毎朝5時に起きることにしている）
- My parents **take it for granted** that I come home at 7:00 in the evening.（両親は、私が夜7時に帰宅するのは当然と思っている）
- You have to **make it clear** what you want to do in the future.（将来何をしたいのかをはっきりさせなければいけないよ）
- **See to it** that you will never make such a mistake.（そんな間違いは二度としないように気を付けなさい［この場合のitは前置詞toの目的語］）

# UNIT 4 「…するなんて…は〜だ」

**日々の会話**

"I got this notebook from Yuko."

"It is kind of her to let you copy it."

「このノート、ユウコから借りたんだ」
「写させてくれるなんて、彼女優しいな」

### 文のホネグミ！

**It is 形容詞 of 人 to 動詞**原形

入替　　　入替　　　入替

意味：動詞するとは、人は形容詞だ

### ワンポイント！

不定詞の意味上の主語を for ... で表すってことは UNIT 1 で学習したけど、It is の次にくる形容詞が、kind / good / nice（親切な）、polite（礼儀正しい）、brave（勇敢な）など、人の「能力」「人柄」「性格」を表す場合、不定詞の意味上の主語を of ... で表すよ。必ずしもプラスの表現ばかりじゃなくて、careless（不注意な）、rude（失礼な）、selfish（身勝手な）などのマイナスの表現もある。このような形容詞は、of の後にくる「人」（名詞）に対する話し手の主観的評価を表すことになるんだ。できれば、It was careless of you to leave your smartphone on the train.（電車の中にスマホを忘れるなんて君は不注意だったよ）なんかより、It is kind of you to help me with my homework.（僕の宿題を手伝ってくれて君は優しいね）って言われたいね。

| ☐ 日々1 | 赤シートなしでCDを聞きながら読む |
|---|---|
| ☐ 日々2 | 赤シートを使い日本語を見て「穴埋め」 |
| ☐ 日々3 | 日本語を聞いて英語で言う |
| ☐ GOAL! | アウトプット問題に挑戦！ |

■001. 誕生日プレゼントをくれるなんて、モエって優しいな。

It is **kind** of **Moe** to **give me a birthday present**.

■002. 君を責めるなんて、彼ら間違っているよ。

It is **wrong** of **them** to **blame you**.

☐ blame：…を非難する、…のせいにする

■003. 私をこんなふうにここに置いていくなんて、彼、意地悪だわ。

It is **mean** of **him** to **leave me here like this**.

☐ mean：意地の悪い、けちな　　☐ like this：こんなふうに

■004. あのことを覚えているなんて、頭いいね！

It is **smart** of **you** to **remember that**!

☐ smart：賢明な

■005. そんなこと言うなんて感じ悪いよ。

It <u>isn't</u> **nice** of **you** to **say that**.

> 時制チェンジ！

■006. 彼、あの数学の問題の答えが分かったなんて賢かったな。

It was clever of him to find the answer to the math problem.

■007. 本当のことを言うなんて、勇気があったね。

It was brave of you to tell the truth.

> 疑問チェンジ！

■008. 私たち、彼を信じたのはうかつだったかな？

Was it careless of us to trust him?

> 会話に役立つ
> 応用チェンジ！

It is を It would be にすれば「…してくれたらいいんだけど」と控えめにお願いする表現になる。

■009. 君のパソコン使わせてもらえたらいいんだけどな。

It would be nice of you to let me use your PC.

■010. 僕のブログ読んで、コメントを残してくれたらとてもうれしいんだけど。

It would be so nice of you to read my blog and leave a comment.

□ blog：ブログ

> **アウトプット問題**

ペンを貸してもらったら何と言う？ It is ... of you to ～ で言ってみよう。

ヒント：すてき・やさしい＝ nice、私にペンを使わせてくれる＝ let me use your pen
⇨ 解答例は P.147

> **さらに**

### of A か？　for A か？

It is 形容詞 to ～の文で、形容詞の後ろに of と for、どちらを使うのか迷ったときにはこんなふうに考えよう。① It is important <u>for me</u> to come home early.（早く家に帰るのは、私にとって大事なことなの）② It is kind <u>of her</u> to let you copy it.（写させてくれるなんて、彼女は優しいな）をそれぞれ下線部を主語にして言い換えると、①′ I am important to come home early.（私は大切にも早く家に帰る）②′ She is kind to let you copy it.（彼女は親切にも君にそれを写させてくれる）になる。①′は意味が通らないけど、②′は意味が通るね。**of は形容詞が「人の能力、人柄、性格」などを表して、「彼女＝親切」というような関係が成立するとき**に使うんだ。

# UNIT 5 「〜するのは…だ」

受験 5 4 3 2 1 0 1 2 3 4 5 日常

日々の会話

"Do you want some raisin cookies?"

"No. It is chocolate chip cookies that I like."

「レーズンクッキー食べる？」
「いや、僕が好きなのはチョコチップクッキーだよ」

### 文のホネグミ！

It is 名詞[代名詞／副詞] that 〜

入替　　　　　　　　　　　入替

意味：〜なのは名詞[代名詞／副詞]だ

### ワンポイント！

It is … that 〜の … の部分に、名詞・代名詞あるいは副詞（句・節）を入れると「〜するのは…だ」と強調することができる。これを**「強調構文」**って呼ぶんだ。「…」に「人」が入る場合、that を who にしても OK。May made cookies at Mike's house yesterday.（メイは昨日マイクの家でクッキーを作った）を強調構文にしてみよう。① It was **May** that[who] made cookies at Mike's house yesterday.（昨日マイクの家でクッキーを作ったのは<u>メイ</u>だった）② It was **cookies** that May made at Mike's house yesterday.（メイが昨日マイクの家で作ったのは<u>クッキー</u>だった）③ It was **at Mike's house** that May made cookies yesterday.（メイが昨日クッキーを作ったのは<u>マイクの家</u>だった）④ It was **yesterday** that May made cookies at Mike's house.（メイがマイクの家でクッキーを作ったのは<u>昨日</u>だった）

029

- 日々1 赤シートなしでCDを聞きながら読む
- 日々2 赤シートを使い日本語を見て「穴埋め」
- 日々3 日本語を聞いて英語で言う
- GOAL! アウトプット問題に挑戦！

■001. 委員会の名簿に君の名前を載せたのはケイコだよ。

It is **Keiko** that **put your name on the committee list**.

☐ the committee list：委員会の名簿

■002. コウタが受かったのは東阪大学の入試だよ。

It is **Tohan University's entrance exam** that **Kota has passed**.

**否定チェンジ！**

■003. 君の助けが必要なのは、僕じゃないよ。

It is <u>not</u> **me** that **needs your help**.

**時制チェンジ！**

■004. ハナが鍵をなくしたの、パソコンルームだったよ。

It <u>was</u> **in the PC room** that **Hana** <u>lost the key</u>.

■005. コウジと初めて会ったのはこのカラオケ屋だったわ。

It <u>was</u> **in this karaoke shop** that **I first met Koji**.

☐ karaoke shop：カラオケ屋

■006. ごみ箱の中から見つかったのは、ユウタのテスト用紙だった。

It was Yuta's exam paper that was found in the trash box.

> 疑問チェンジ！

■007. 僕にメッセージをくれたの、君なの？

Is it you that sent me a message?

■008. 君が探していたのって、この本？

Is it this book that you have been looking for?

> 会話に役立つ
> 応用チェンジ！

I heard（…と聞いた、…らしい）で、うわさで耳にしたことについて表現できる。

■009. マイがチョコあげたのケンだったんだって。

I heard it was Ken that Mai gave the chocolate to.

I think（…と思う）で自分の考えを伝えよう。

■010. 私たちの新しい担任になるの、高橋先生だと思うな。

I think it is Mr. Takahashi that is going to be our new homeroom teacher.

□ homeroom teacher：担任の先生

> **アウトプット問題**

次のように聞かれたら何と言う？ No/Yes, it is ... that I'd like to visit. で答えてみよう。

ヒント：…を訪れたいものだ＝ I'd like to visit ...

➡ 解答例は P.148

> **さらに**

### 強調構文と形式主語構文の違い

UNIT 2 の「It is ... that ～」の形式主語構文と今回の強調構文はどう違うんだろう。It is <u>important</u> that children play outside.（子どもたちが外で遊ぶことは大切だ）のように **It is の後が形容詞なら、形式主語構文**と考えてまず OK。It was <u>last August</u> that we visited Sydney.（私たちがシドニーに行ったのは去年の 8 月のことだった）のように **It is の後に場所や時などを表す副詞（句・節）か名詞があれば強調構文**。ちなみに that 以下に注目。It is natural that <u>she should say so</u>.（彼女がそう言うのも当然だ）のように形式主語構文の that 以下は完全な文になるけど、It was Mary that[who] <u>called me yesterday</u>.（昨日僕に電話をくれたのはメアリーだった）のように強調構文の that 以下は強調する要素（この場合主語）が欠けた文になるんだよ。

いままでに学習した構文が
実際に使われていることを、
著名人の発言やことわざで確認しよう！

> " Of course it was impossible to connect the dots looking forward when I was in college. "
>
> (Steve Jobs)
> Stanford commencement speech, June 12, 2005

訳と解説は次のページへ

> " It's what's inside that counts. "
>
> (proverb)

訳と解説は次のページへ

> もちろん大学生のころには、将来を見据えて点と点を繋げることなどできませんでした。

（スティーブ・ジョブズ）
2005年6月12日、スタンフォード大学の卒業式で行ったスピーチより

**使われている構文** It is 形容詞 (for 人) to 動詞原形  参照  UNIT 1

**解説** 常に革新的な製品やサービスを送り出してきた、米アップル社の共同設立者スティーブ・ジョブズ (1955-2011) が米スタンフォード大学の卒業式で行ったスピーチからの一文。「it was impossible to connect the dots」が「It is 形容詞 to 動詞の原形」の形になっているね。これはジョブズが人生において経験してきたいろいろな出来事（点）が、いつのまにか繋がって、今の自分を形成していた、と言っている場面。「そのときは自覚がなくても、やっていることがいつか実を結ぶと信じて進もう」というメッセージだよ。

> 大切なのは中身だよ。

（ことわざ、定型表現）

**使われている構文** It is 名詞 that 〜 参照 UNIT 5

**解説** これは「大切なのは（外見ではなく）中身だよ！」という意味の英語のフレーズ。「It is 名詞 that ...」の強調構文になっているのに気付いたかな？ 名詞の部分に「what's inside」という名詞節が来ている。これで「中にあるもの（＝中身）」を意味する。「that counts」のcountは自動詞で「（主語が）重要である」という意味。直訳すると「重要なのは中に何があるかだ」となる。これは「人を外見で判断しないで」と言いたいときのお決まりのフレーズで、映画のセリフなんかでもたまに使われる。日常会話でもここぞというときに使ってみよう！

# UNIT 6 「…と同じくらい〜だ」

受験 5 4 3 2 1 0 1 2 3 4 5 日常

**日々の会話**

"How's that new game?"

"It's as cool as XYZ Fighters."

「あの新しいゲームどう？」
「XYZ ファイターズと同じくらいいいよ」

### 文のホネグミ！

SV **as** 形容詞[副詞] **as** A

入替　　　入替　　　入替

意味：Aと同じくらい形容詞だ／ Aと同じくらい副詞にSV

### ワンポイント！

上の会話の It's (=That new game is) as cool as XYZ Fighters. はもともと、That new game is as cool（あの新しいゲームは同じくらいいい）と、as XYZ Fighters is cool（XYZ ファイターズがいいように）という２つの文が合体したものなんだ。**最初の文の as は「同じくらい」という意味を表す副詞。２文目の as は「…のように」という意味の接続詞**で、もともとは、That new game is as cool as XYZ Fighters is cool. という長い長い文だったんだよ。でも、分かりきったことはどんどん省略してしまうのが英語の特徴だから、最後の is cool は取ってしまって OK。この構文にはそんな成り立ちがあることを頭にとどめておこう。

日々の練習

- ☐ 日々1　赤シートなしでCDを聞きながら読む
- ☐ 日々2　赤シートを使い日本語を見て「穴埋め」
- ☐ 日々3　日本語を聞いて英語で言う
- ☐ GOAL!　アウトプット問題に挑戦！

■ 001. レイナはプロと同じくらい歌がうまいんだよ。

　　　Reina sings as well as a pro.

■ 002. この桜の木は僕らの学校と同じくらい古いんだ。

　　　This cherry tree is as old as our school.

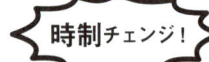

■ 003. このチキンはKKマートのほどおいしくはないな。

　　　This chicken is not as good as KK Mart's.

時制チェンジ！

■ 004. エミの英語スピーチはナナのと同じくらいよかった。

　　　Emi's English speech was as good as Nana's.

■ 005. ケンタはユナと同じくらいすぐにテストを終えた。

　　　Kenta finished the exam as quickly as Yuna.

■ 006. 英語の期末試験、前回と同じくらい難しいだろう。

　　　The final English exam will be as difficult as the last one.

**007.** 東阪大学の入試問題、思ってたよりやさしくなかった。

**Tohan University's entrance exam was not as easy as I'd thought.**

### 疑問チェンジ！

**008.** 田中先生って、校長先生と同じくらい厳しい？

**Is Ms. Tanaka as strict as the principal?**

□ strict：厳しい

**009.** マコって佐藤先生と同じくらい背が高い？

**Is Mako as tall as Mr. Sato?**

### 会話に役立つ 応用チェンジ！

助動詞 should で、「…のはずだ」という推量を表すことができる。

**010.** このパソコンは最新型のものと同じくらい速いはずだ。

**This PC should be as fast as the latest one.**

□ the latest one：最新型のもの

## アウトプット問題

こんな質問をされたらどう答える？ A is as ... as B で答えてみよう。

> How is it compared to this cake?
> (このケーキと比べて、どう？)

ヒント：おいしい＝ good、プリン＝ pudding、まんじゅう＝ manju、アップルパイ＝ apple pie

▷ 解答例は P.148

## さらに

### 比較表現その1：as ... as を使った倍数表現

「2倍くらいいい」と言いたいときは、It's twice as cool as XYZ Fighters.（XYZファイターズの倍くらいいい）って言うよ。「兄さんの部屋は僕の部屋の3倍の大きさ。姉さんの部屋は2倍。でも、弟の部屋は半分だ」は My older brother's room is three times as large as mine. My older sister's room is twice as large as mine. But my younger brother's room is half as large as mine. のようになる。倍数表現は quarter（4分の1）、half（半分）、twice（2倍）という特殊な言い方があって、「3倍」以上は three times（3倍）、four times（4倍）…のように「数字＋ times」で表現するよ。分数は one-third（3分の1）、three-fourths（4分の3）のように、「分子-分母の序数」で表現する。分子が「2」以上なら分母の序数に「s」が付く。

## UNIT 7 「…と同じ」

受験 5 4 **3** 2 **1** **0** **1** 2 3 4 5 日常

**日々の会話**

"Keita's hairstyle is the same as Daichi's."
"They went to the same barber."

「ケイタの髪型、ダイチと同じだね」
「同じ理髪店に行ったんだよ」

### 文のホネグミ！

## SV the same（＋名詞）as A

入替　　　入替　　　入替

意味：SはAと同じだ／Aと同じ名詞に・をSV

### ワンポイント！

上の会話で、Daichi's の後ろに hairstyle が省略されていることは分かるね？ (the) same は、「（別々のものだけれど）種類や見た目、量などが異なっていない」という意味で「同じ、同様な（もの）」という日本語になるんだ。ここではケイタとダイチの「髪型」という同種のものを比較している。この例文では the same as の後ろに Daichi's (hairstyle) という名詞が来ているけど、Keita is wearing the same pants as Daichi (is wearing).（ケイタはダイチと同じズボンをはいている）のように、**the same の後に名詞（pants）を置いて「同じズボン」という名詞のカタマリにすることもあるよ**。その場合は、後ろに「as SV」という節を続けるんだ。この SV の V は省略することもあるよ。

## 日々の練習

- ☐ 日々1　赤シートなしでCDを聞きながら読む
- ☐ 日々2　赤シートを使い日本語を見て「穴埋め」
- ☐ 日々3　日本語を聞いて英語で言う
- ☐ GOAL!　アウトプット問題に挑戦！

CD 14

■ 001. 体育館掃除って、運動と同じ。とても大変だよ。

**Cleaning the gym is** the same as **exercise**. It's so hard.

■ 002. あら、あなたの筆箱、私のと同じ！

Hey, **your pen case is** the same as **mine**!

■ 003. カレと同じ大学に行きたいの。

**I want to go to** the same **university** as **my boyfriend**.

### 否定チェンジ！

■ 004. 私の考えてることは、お母さんとは違うのよ。

**My ideas are** <u>not</u> the same as **Mom's**.

■ 005. 先週と同じカラオケ屋には行きたくない。

**I** <u>don't</u> **want to go to** the same **karaoke shop** as **last week**.

＊ as の後ろに I went to が省略されている

## UNIT 7

> 時制チェンジ！

**006.** お父さんのくれた誕生日プレゼント、お母さんが去年くれたのと同じだった。

**Dad gave me** the same **birthday present** as **Mom gave me last year**.

> 疑問チェンジ！

**007.** このケーキのカロリーって、ごはん1杯分なの？

**Does this cake have** the same **calories** as **a bowl of rice**?

□ a bowl of rice：ごはん1杯

**008.** オーストラリア人の話し方ってアメリカ人と同じじゃないの？

**Is the way Australians speak** not the same as **Americans**?

□ the way SV：SがVするやり方

> 会話に役立つ
> 応用チェンジ！

助動詞の would で「…だろうな」という推測を表現できる。

**009.** 新学期も前と変わらないよ。

**The new term** would **be the same as before**.

「ひょっとしたら…かもしれないな」は推量の助動詞 might で表す。

**010.** タカギのところの車、うちのと同じかもしれない。

**Takagi's car** might **be the same as ours**.

> **アウトプット問題**

同じものを見つけて、the same（＋名詞）as ... を使って言ってみよう。

ヒント：帽子＝ hat、ブレスレット＝ bracelet

➡ 解答例は P.149

> **さらに**

### 比較表現その2：「as 形容詞＋名詞 as」

比較の表現についてもう少し紹介しよう。「僕は君と同じくらいCDを持っている」と言いたいときは、I have as many CDs as you (do). となる。このとき、**形容詞 many は名詞 CDs を修飾しているわけだから、形容詞と名詞を絶対に離しちゃダメ！**（×）I have CDs as many as you. はよくある間違い。また、**名詞を修飾する形容詞に as が付くときには、不定冠詞は形容詞の後ろに置かれる**ルールも要チェック。Paul McCartney is as great a musician as ever lived.（ポール・マッカートニーは、これまでにはいない偉大な音楽家だ）。

# UNIT 8 「できるだけ…」

受験 5 4 **3** 2 1 0 1 2 3 4 5 日常

### 日々の会話

"Kenta, you need to go to the teachers' room as soon as possible!"

"Oh, what have I done?"

「ケンタ、できるだけ早く職員室に行かないといけないよ！」
「ええっ、オレ何したっけ？」

### 文のホネグミ！

**SV as 副詞 as possible[S′ can]**

（as、副詞が入替）

意味：できるだけ副詞にＳＶ

### ワンポイント！

トム・クルーズ主演の "Mission: Impossible" っていう映画知ってる？ これ、「きわめて危険で難しい任務」っていう意味なんだけど、そもそも impossible は「不可能な、できない」という意味なんだ。その反対語が possible で「可能な、できる」。だから as ... as possible は「可能な限り…、できるだけ…」という意味になるんだ。「できる」という意味を含んでいるから、上の会話は can を使って、Kenta, you need to go to the teachers' room as soon as you can! と言い換えることもできる。ケンタに向かって言っているから as you can になるんだね。過去のことを言いたいときには、Kenta needed to go to the teachers' room as soon as he could.（ケンタはできるだけ早く職員室に行かなければならなかった）のように、can の過去形 could を使おう。

## 日々の練習

- ☐ **日々1** 赤シートなしでCDを聞きながら読む
- ☐ **日々2** 赤シートを使い日本語を見て「穴埋め」
- ☐ **日々3** 日本語を聞いて英語で言う
- ☐ **GOAL!** アウトプット問題に挑戦！

CD 16

■001. 今日はできるだけ勉強しないといけないね。

We must study as much as possible today.

■002. できるだけさっさと掃除を終わらせよう。

Let's finish the cleaning as quickly as possible.

■003. できるだけ早く英語をもっと上手に話せるようになりたいのよ。

I want to speak English better as soon as possible.

■004. できるだけ節約したいんだ。

I want to spend as little as possible.
☐ spend little：あまり使わない（＝節約する）

**時制チェンジ！**

■005. 明日はできるだけ早く起きないと。

Tomorrow, I will have to get up as early as possible.

■006. ナナはできるだけ君を助けようとしたんだよ。

**Nana tried to help you** as **much** as she **could**.

**疑問チェンジ！**

■007. できるだけ私の近くに座ってもらえない？

**Can you sit** as **close** as possible to me**?**

**会話に役立つ 応用チェンジ！**

発言を表すには say (that)（…と言う）を使おう。

■008. 彼女はできるだけすぐに来るって言ってたよ。

She said **she would come** as **soon** as possible.

as ... as possible の「...」には副詞の代わりに「形容詞＋名詞」を入れることもできる。

■009. お休みに備えてできるだけ多くのお金をためておくべきだよ。

**You should save** as **much money** as possible **for your holiday**.

as ... as possible が主語として働くこともある。

■010. できるだけ多くの生徒が、文化祭に来てくれるといいんだけど。

We hope as **many students** as possible **will come to the school festival**.

□ school festival：文化祭

> **アウトプット問題**

待ってくれている友達に、何と返事をする？ as ... as possible を使って答えてみよう。

> You're late!
> （遅いよ！）

ヒント：すぐに＝ soon

➡ 解答例は P.149

> **さらに**

### 比較表現その３：as ... as で最上級の意味を表す

as ... as の表現をもう１つ。Nothing is as important as health.（健康ほど大切なものはない）のように、**nothing（何も…ない）**と「**as ... as**」**を組み合わせると、最上級の意味を表すことができる**。Health is the most important thing of all.（健康は何よりも大切だ）と同じ内容だね。nothing は否定の代名詞で、「何も（ものが）ない」ということを表しているんだ。ちなみに「もの」ではなく、「**誰もいない**」ことを表したいときには、**no one** や **nobody** を使う。Nobody[No one] can play the drums as well as Ringo Starr.（リンゴ・スターほど上手にドラムをたたく人はいない）は、Ringo Starr can play the drums (the) best.（リンゴ・スターは最もうまくドラムをたたける）とほぼ同じ内容になる。

# UNIT 9 「…すればするほど〜になる」

受験 5 4 3 2 1 0 1 2 3 4 5 日常

**日々の会話**

"Are you dating Daichi?"

"Yeah, the more I get to know him, the more I like him."

「ダイチと付き合ってるの？」
「ええ、彼のこと、知れば知るほど好きになるわ」

## 文のホネグミ！

**The 比較級 S′V′, the 比較級 SV**

入替　　　　　　　　入替

意味：S′V′ すればするほど、S V

## ワンポイント！

「The 比較級 … , the 比較級 〜」の2つのthe は実はどちらも副詞。働きはそれぞれちょっと違っていて、最初のthe は「…するだけの程度まで（to whatever extent）」、後のthe は「それだけ〜（to that extent）」を表していると考えられるんだ。**比較級の後ろには、SV の語順が続く**よ。

The deeper we dive into the sea, the colder the water becomes.
　　　　　S′ V′　　　　　　　　　　　S　　　V

「海に深く潜れば潜るほど、水は冷たくなる」だね。「形容詞の比較級＋名詞」の場合は、**The more books I read, the more knowledge I get.**（本をたくさん読めば読むほど、もっと知識が増える）と表現するよ。この場合、The more I read books, the more I get knowledge. とは言わないから注意。

047

## 日々の練習

- ☐ 日々1　赤シートなしでCDを聞きながら読む
- ☐ 日々2　赤シートを使い日本語を見て「穴埋め」
- ☐ 日々3　日本語を聞いて英語で言う
- ☐ GOAL!　アウトプット問題に挑戦！

**001.** それについて考えれば考えるほど、混乱する。

The more I think about it, the more I'm confused.

**002.** 自分を出せば出すほど、人に分かってもらえるよ。

The more you express yourself, the better they understand you.

**003.** 聞くのがうまくなればなるほど、話すのが上手になるよ。

The better you listen, the better you speak.

**004.** 長く歩けば歩くほど、おなかがすく。

The longer I walk, the hungrier I am.

**005.** 考えれば考えるほど眠れなくなる。

The more I think, the less I can sleep.

### 否定チェンジ！

**006.** 友達の家に長くいればいるほど、去りがたくなる。

The longer I stay at a friend's house, the more I don't want to leave.

> 時制チェンジ！

**007.** たくさんの単語を覚えれば覚えるほど、調べるのは少なくて済むようになるよ。

The more words you memorize, the fewer you will have to look up.

□ look up ... :（単語など）を調べる

**008.** 彼女は見れば見るほどきれいに見えたんだ。

The more I saw her, the more beautiful she looked.

> 会話に役立つ
> 応用チェンジ！

they say は「…だってさ」「…って聞くよ」と一般に言われていることを表すのに便利な表現。

**009.** お金はあればあるほど不幸になるって言うじゃない。

They say the more money you have, the less happy you are.

助動詞 should で「…するはずだ」「…に違いない」というニュアンスになる。

**010.** 勉強すればするほど、成績はよくなるはずだ。

The harder I study, the better my grades should be.

## アウトプット問題

次のような状況をどう表現する？　この女の子になったつもりで The 比較級 … , the 比較級 ～を使い、I を主語にして言ってみよう。

ヒント：一生懸命に＝ hard、運動する＝ exercise、体重が軽くなる＝ weigh less

▷ 解答例は P.150

## さらに

### 比較表現その４：「the 比較級 , the 比較級」の慣用表現

「The 比較級 S'V', the 比較級 SV」のそれぞれの比較級の後の **「SV」が省略される**こともあるよ。例えば、The sooner it is, the better it is. から、it is を省略したのが、**The sooner, the better.**（早ければ早いほどいい）という表現。進路のことで先生に相談しようかどうか迷ってる友達に、"The sooner, the better." なんて声をかけたりできるよ。慣用表現として覚えておくと、会話でも使えるね。同じように役立つ表現には、**The more haste, the less speed.**（急がば回れ《ことわざ》）や、**The more, the merrier.**（枯れ木も山のにぎわい《ことわざ》人数が多いほど [more]、楽しくなる [merrier] という意味）などがあるよ。

## UNIT 10 「もし…だったら〜するのに」

受験 5 4 3 2 1 0 1 2 3 4 5 日常

CD 19

日々の会話

"If I were a little taller, I could be a model!"
"Don't worry. You are very pretty."

「もうちょっと背が高ければ、モデルになれるのに！」
「心配ないよ。君とってもキレイだから」

### 文のホネグミ！

If S′V′過去形, S could[would] 動詞原形

入替　入替　　　　　　　　　　　　入替

意味：もしS′V′だったら、Sは動詞できる［する］のに

### ワンポイント！

「ドラえもんの暗記パンがあればなぁ…」なんて思ったことない？　それを英語で言ってみると、If I had some *anki-pan*, I could remember all of the words.（暗記パンがあれば単語を全部覚えられるのになぁ）となる。これが**仮定法過去**。仮定法過去のポイントは、「**現実には無理**」であること。上の会話には「背がそんなに高くないから、モデルにはなれない」という気持ちが含まれてるんだ。「現在のこと」なのに「仮定法**過去**」というのは使われている動詞が過去形だから。ただそれだけだよ。**be動詞が主語に関係なくwereになる**点にも注意。そして「もし（あのとき）…だったら、〜だったろうに」を表すのは「**if S 過去完了形, I would[could/might] have 過去分詞**」の仮定法**過去完了**。暗記パンのないみんなは、地道に英語の勉強をしていこうね（泣）。

## 日々の練習

- ☐ **日々1** 赤シートなしでCDを聞きながら読む
- ☐ **日々2** 赤シートを使い日本語を見て「穴埋め」
- ☐ **日々3** 日本語を聞いて英語で言う
- ☐ **GOAL!** アウトプット問題に挑戦！

CD 20

■ **001.** 晴れていれば、テニスの練習に行けるのに。

If it were sunny, I could go to tennis practice.

■ **002.** このコートが1万円以下なら、お父さんが買ってくれるのに。

If the coat were less than 10,000 yen, Dad would buy it for me.

**否定チェンジ！**

■ **003.** 彼が悪い人なら、私、付き合ってないよ。

If he were a bad person, I wouldn't be dating him.

■ **004.** お守りが必要じゃないなら、大事に持ってたりしないわよ。

If I didn't need my lucky charm, I wouldn't keep it with me.

☐ lucky charm：お守り

**時制チェンジ！**

■ **005.** 計算を間違えなかったら、もっといい点だったのに。

If I hadn't made a mistake with my calculations, my score would have been better.

☐ calculation：計算

**006.** ケイタが来ていれば、もっと楽しかっただろうね。

If Keita had come, it would have been more fun.

**疑問チェンジ!**

**007.** ハワイに住んでいれば、毎日ビーチに行けるかな？

If I were living in Hawaii, could I go to the beach every day?

**008.** お母さんがここにいれば、何て言うかな？

If Mom were here, what would she say?

**会話に役立つ 応用チェンジ!**

「…と思う」は I think ... で表そう。

**009.** 彼女が僕のことを好きなら、態度が違うと思うよ。

If she liked me, I think she would act differently.

副詞 definitely（絶対に）は「間違いなく…だ」と強調するときに使える。

**010.** 2キロやせてたら、絶対このズボンがはけるんだけど！

If I weighed two kilos less, I could definitely wear these pants!

## アウトプット問題

もしも南の島にいたとしたら何をするだろう？ If ..., I would 〜の仮定法で言ってみよう。

ヒント：南の島= tropical island、サーフィンをする= surf、海水浴をする= swim in the sea

➡ 解答例は P.150

## さらに

### 仮定法過去完了のおさらい

今回の練習の「時制チェンジ！」にも出てきた「もし（あのとき）…だったら、〜だったろうに」の**仮定法過去完了**についてもう少しおさらい。「今」の仮定を表すのに過去形を使っちゃったから、**「過去」の仮定を表すのには過去完了形を使う**しかないんだね。「日々の会話」の例なら If I had been a little taller, I could have been a model.（もうちょっと背が高かったら、モデルになれていたのに）という感じ。仮定法過去完了にも、「あまり背が高くなかったから、モデルにはなれなかった」という**「実際にはそうでなかった」という気持ち**が含まれているんだよ。

**"QUOTE"**

いままでに学習した構文が実際に使われていることを、著名人の発言やことわざで確認しよう！

❝ I hope the Pacific is as blue as it has been in my dreams. ❞

(From the movie "The Shawshank Redemption")

訳と解説は次のページへ

❝ Life would be tragic if it weren't funny. ❞

(Stephen Hawking)
The New York Times, 12 December, 2004

訳と解説は次のページへ

## "QUOTE"

> 太平洋が夢で見たのと同じように青ければいいが。
>
> （映画『ショーシャンクの空に』より）

**使われている構文** SV as 形容詞 as A ……▶ 参照 UNIT 6

**解説** なんとなく「映画のセリフって難しい！」という先入観があるかもしれないけど、実はハリウッド映画では日本の中学〜高校で学ぶような文法、構文がたくさん話されている。これはアメリカの小説家スティーブン・キング原作の映画『ショーシャンクの空に』（フランク・ダラボン監督）からの一節。as ... as を使って、太平洋が自分の夢で見たのと「同じくらい」青くあることを願う、と言っている。さて、このセリフはこの映画でとても重要なシーンで話される。果たしてそれはどこだろう。実際に見てみて、友達同士で答え合わせをしてみるのも楽しいかも？

---

> 楽しくなかったら、人生は悲惨じゃないか。
>
> （スティーブン・ホーキング博士）
> ニューヨーク・タイムズ　2004年12月12日

**使われている構文** If S′V′過去形, S would 動詞原形 ……▶ 参照 UNIT 10

**解説** 物理学者スティーブン・ホーキング博士の言葉。アメリカの新聞ニューヨーク・タイムズ紙の2004年のインタビューで、「あなたはいつもそんなに陽気なのですか？」と聞かれたときの返答がこれ。おなじみ「仮定法過去」で話されているね。こんな風に、if節は後ろに来ても問題ない。堅い表現で直訳すると「もし人生が楽しくなかったら、悲惨なものになるだろう」って感じかな。ホーキング博士は宇宙についてとてつもなく優れた研究を残す天才学者でありながら、楽しいことが大好きな人物でもあるんだね。

# UNIT 11 「まるで…みたい」

"I felt happy when I was with Kenta."

"**It sounds as if you liked him**!"

「ケンタといたとき楽しかったな」
「まるで彼のことを好きみたいだね！」

## 文のホネグミ！

SV **as if** S´V´過去形

入替　　　入替

意味：まるでS´V´のようにSV

## ワンポイント！

「（実際にはそうじゃない／そうじゃなかったんだけど）まるで…のように／まるで…であったかのように」と言いたいときには **as if** を使って表現するよ。**「主節の時制と同じ時」のことを言うときには「仮定法過去」を使う。**例えば、My parents treat me as if I were a baby.（両親は私のことをまるで赤ん坊のように扱う）みたいにね。be動詞を使う場合は主語に関係なく were になるのが約束なんだ（口語では was を使うこともある）。as if ... の内容が **「主節の時制よりも過去」のときには「仮定法過去完了」を使う**。Dad looked as if he had seen a ghost.（お父さんはまるで幽霊にでも出会ったかのような顔つきだった）がその例。どちらも、背景には、「自分は赤ん坊じゃない」、「お父さんは幽霊に出会っていなかった」という現実があるんだよ。

## 日々の練習

- ☐ 日々1　赤シートなしでCDを聞きながら読む
- ☐ 日々2　赤シートを使い日本語を見て「穴埋め」
- ☐ 日々3　日本語を聞いて英語で言う
- ☐ GOAL!　アウトプット問題に挑戦！

**001.** 彼ら、まるで双子みたいに見えたよね。

They looked as if they were twins.

**002.** 彼女はまるで僕より年上であるかのように話した。

She talked to me as if she were older than I.

**003.** 世界は自分のものじゃないかっていう気分だった。

I felt as if the world were mine.

**004.** まるで夢でも見ているかのようだったよ。

It was as if I were dreaming.

**否定チェンジ！**

**005.** お母さんと高橋先生ってば、私がそこにいないかのように話してたんだよ。

Mom and Mr. Takahashi were talking as if I weren't there.

## UNIT 11

**時制チェンジ！**

**006.** 彼、まるで幽霊でも見たかのような顔してたよ。

He looked as if he had seen a ghost.

**007.** タイチはまったく眠っていなかったかのように疲れて見えた。

Taichi looked tired as if he hadn't slept at all.

**008.** 彼、まるであなたが手品でもしたかのように、あなたのことを見てたわよ。

He looked at you as if you had performed a magic trick.

□ perform a magic trick：手品をする

**疑問チェンジ！**

**009.** まるでみんなに見られているみたいだった？

Did you feel as if everyone were looking at you?

**会話に役立つ 応用チェンジ！**

仮定法でなく、単に「…しているように」と言いたいときは、as if の後ろは現在形（直説法）でOK（P.60「さらに」参照）。

**010.** 彼、風邪をひいているみたいに咳をしているよ。

He is coughing as if he has a cold.

> **アウトプット問題**

文化祭の劇で、まるでスターみたいな気分！ I feel as if ... で言ってみよう。

ヒント：映画スター= movie star、王子様= prince、王女様= princess
▶ 解答例は P.151

> **さらに**

### 「as though ...」と「as if S'V' 現在形」

**as if の文は as though を使っても言い換えることができる**んだ。P.57 の「日々の会話」だと、It sounds as though you liked him! のようになるよ。意味は同じだけど、as if の方が口語的。さて、仮定法では「実際にはそうじゃない」という前提があったけど、話している人が「事実だろう」と判断している場合には、**as if を「直説法」と一緒に使うこともできる**んだ。My parents talk as if they were angry.（仮定法）なら、「両親はまるで怒っているような口ぶりだ（でも、本当は怒っていない）」だけど、My parents talk as if they are angry.（**直説法：仮定せずに、普通に物事を伝える形**。普通の平叙文をイメージすると分かりやすい）なら「両親は怒っているような口ぶりだ（そして、本当に怒っている）」ということを意味するよ。

# UNIT 12 「…だったら〜するのに」

受験 5 4 3 2 1 0 1 2 3 4 5 日常

CD 23

**日々の会話**

"Kota totally forgot about our date!"

"**I wouldn't talk to him again.**"

「コウタってば、デートのことすっかり忘れてたのよ！」
「私ならもう二度と彼とは口きかないわね」

## 文のホネグミ！

**S would[could/might] 動詞**原形

入替　　　　　　　　　　　　　　入替

意味：Sなら動詞する［できる］だろう

## ワンポイント！

UNIT 10〜11 で見てきた表現は、すべて「仮定法」を使った表現だったね。今回の I wouldn't talk to him again. は if がないので、一見普通の文に見えるけど、実はこの文も仮定法 If I were you, I wouldn't talk to him again.（もし私があなただったら…）の、if 節（条件節）が省略されたものと考えられるんだよ。このように、**if を使わなくても、「仮定」を表すことができる**んだね。①上の例のように、**「…なら」という文脈で if 節を省略する**、② **if 節を副詞や副詞句で代用する**、というやり方があるよ。練習でしっかり叩き込もう。would、could、might などが出てきたら文脈次第では「仮定法かも？」と考えてみると、会話における「助動詞の過去形」の使い方のセンスが磨かれるよ。

## 日々の練習

- ☐ **日々1** 赤シートなしでCDを聞きながら読む
- ☐ **日々2** 赤シートを使い日本語を見て「穴埋め」
- ☐ **日々3** 日本語を聞いて英語で言う
- ☐ **GOAL!** アウトプット問題に挑戦！

CD 24

■001. ユウタならもっといいキャプテンになれるのに。

**Yuta** could **be a better captain**.

■002. 状況が違えば、君と一緒にテニス部に入るけどね。

In a different situation, **I** would **join the tennis club with you**.

■003. グレーのジャケット？ あなたにはピンクの方が似合うのに。

Gray jacket? **Pink** would **suit you better**.

**否定チェンジ！**

■004. 本当の友達なら約束を破らないだろ。

**A real friend** would <u>not</u> **break a promise**.

■005. 20年前なら僕らそんなにたくさん情報を手に入れられなかっただろうね。

Twenty years ago, **we** <u>couldn't</u> **have got so much information**.

## UNIT 12

**006.** よかった！ お父さんがいいって。お母さんなら行かせてくれないわ。

All right! Dad said yes. **Mom** wouldn't **let me go**.

### 疑問チェンジ！

**007.** 君の立場なら僕は彼に何て言うだろう。

What would I **say to him in your place**?

### 会話に役立つ 応用チェンジ！

Do you think …？（…と思う？）で相手の見解を聞ける。

**008.** 君だったらもっとうまくやれてたと思う？

Do you think **you** could **have done it better**?

「ひょっとしたら…」という気持ちを might で表せる。

**009.** お母さんがほかの人と結婚してたかもしれないなんて、あり得る？

Is it possible that **Mom** might **have married someone else**?

otherwise（そうでなければ）は仮定法を導ける副詞。

**010.** 私がネコにエサをあげたの、でなければ彼女（＝ネコ）おなかがペコペコになっていたでしょうね。

I gave some food to the cat, otherwise **she** would **have been starving**.

☐ otherwise：そうでなければ　　☐ starve：飢える

## アウトプット問題

もし自分だったら何を読むだろう？ I would ... を使って言ってみよう。

> Oh, he is reading a classic.
> （あ、あいつ古典を読んでるんだ）

ヒント：マンガ= comic book、ライトノベル= young-adult novel
➡ 解答例は P.151

## さらに

### if 節の代用：不定詞、分詞構文

**If 節の代わりに仮定法の条件を表す表現**をいくつか紹介するね。① <u>To hear her talk</u>, you would think Jane knew everything about this matter.（彼女が話すのを聞けば、ジェーンがこの件についてすべてを知っているものと思うだろう）…**不定詞で代用**　② <u>Living in these modern days</u>, she would be accepted.（現代に生きていれば、彼女は受け入れられるだろうに）…**分詞構文で代用**。ちなみに条件節の「if」だけを省略すると、Were I rich [= If I were rich], I could buy a huge mansion.（お金持ちなら、大豪邸を買えるのに）や、Had I been rich [= If I had been rich], I could have bought a huge mansion.（お金持ちだったら、大豪邸を買えたのに）のように、Were I ... や Had I ... のような倒置が起こることも知っておくと役に立つよ。

## UNIT 13 「もし…がなかったら／あったら」

受験 5 4 3 2 1 0 1 2 3 4 5 日常

CD 25

日々の会話

"Are you going to stay in the table tennis club?"

"**Without me, the team would collapse.**"

「卓球部に残るの？」
「僕がいなかったらチームは崩壊だ」

### 文のホネグミ！

**Without[With] A, S would[could] 動詞**原形

入替　入替　　　　　　　　　　入替

意味：Aがなかったら［あったら］、Sは動詞だろう

### ワンポイント！

ここで は without と with を使う仮定の表現を練習しよう。without ／ with を使うことで、「…がなければ／…があれば」（仮定法過去）、「…がなかったら／…があったら」（仮定法過去完了）を表すことができるんだ。上の会話は「would（助動詞の過去形）＋ collapse（動詞の原形）」だから仮定法過去だね。もし、Without me, the team would have collapsed. となれば、「助動詞の過去形＋現在完了形」だから、仮定法過去完了で、「僕がいなかったらチームは崩壊していただろう」という意味になる。with を使うと、With a little more care, I wouldn't have made such a mistake.（もうちょっと注意していたら、あんな間違いはしなかっただろう）などと言うことができるよ。

065

## 日々の練習

- ☐ 日々1　赤シートなしでCDを聞きながら読む
- ☐ 日々2　赤シートを使い日本語を見て「穴埋め」
- ☐ 日々3　日本語を聞いて英語で言う
- ☐ GOAL!　アウトプット問題に挑戦！

**CD 26**

■ 001. 音楽なしじゃ、僕の生活は無に等しいだろう。

Without **music**, **my life** would **be nothing**.

■ 002. もう少しお金があれば、このゲームソフト買えるのに。

With **a little more money**, I could **buy this video game software**.

☐ video game software：テレビゲームのソフト

**否定チェンジ！**

■ 003. 辞書がなかったならこの本は読めないよ。

Without **a dictionary**, I <u>couldn't</u> <u>read this book</u>.

■ 004. もっと時間があれば、学校まで走らないよ。

With **more time**, I <u>wouldn't</u> <u>need to run to school</u>.

**時制チェンジ！**

■ 005. 目覚ましなしだったら寝過ごしていただろう。

Without **the alarm clock**, I would <u>have overslept</u>.

☐ oversleep：寝過ごす

■006. 薬がなかったら、咳が止まらなかっただろう。

Without **the medicine**, **my cough** wouldn't have stopped.

**疑問チェンジ！**

■007. もう少しがんばれば、私たち試合に勝てたかな？

With a little more effort, could we have won the game?
- effort：努力

■008. インターネットがなかったら、どうやって友達と連絡取るんだ？

Without the Internet, how could I keep in touch with my friends?
- keep in touch with ...：…と連絡を取り合う

**会話に役立つ 応用チェンジ！**

「…と思うよ」はI think ... で表現できる。

■009. 君がいなかったら、僕らは道に迷っていたと思うよ。

Without you, I think we would have been lost.

I'm sure ... は「きっと…だよ」と確信があるときに使おう。

■010. 唐辛子なしじゃ、きっとこのピザはそんなにおいしくないよ。

Without the red peppers, I'm sure the pizza would not taste so good.

> **アウトプット問題**

どんな具があったらおいしくなるかな？　With ... , S would 〜で言ってみよう。

ヒント：うどん＝ udon noodles、ねぎ＝ green onion、しょうが＝ ginger、卵＝ egg、おいしい＝ taste good

▶ 解答例は P.152

> **さらに**

## 「but for ...」「if it were not for ...」（もし…がなかったら）

without は but for を使っても全く同じ意味を表すことができるんだ。P.65 の「日々の会話」なら **But for me**, the team would collapse. と言い換えることができる。さらに、Without[But for] me, the team would collapse.（仮定法過去）は **If it were not for me**, the team would collapse. に、また、Without [But for] me, the team would have collapsed.（仮定法過去完了）は、**If it had not been for me**, the team would have collapsed. と言い換えることもできるんだ。ちなみにP.64でも出てきたように If it were not for ... / If it had not been for ... の if を省略して Were it not for ... / Had it not been for ... と倒置で表現することもある。ほんと、いろんな表現方法があるんだね。

## UNIT 14 「…だったらいいのになあ」

受験 5 4 **3 2 1 0 1 2** 3 4 5 日常

### 日々の会話

"**I wish** I were a rock singer!"
"You would be popular among the girls."

「僕がロックシンガーならいいのに！」
「そしたら女子にモテモテだね」

### 文のホネグミ！

**I wish** SV 過去形

入替

意味：ＳＶだったらいいのに

### ワンポイント！

これも if を使わないで仮定を表現する方法だよ。**I wish の後ろに仮定法過去をもってくることで、「…ならいいのに」という、現在の事実と異なる願望を表す**ことができる。だから、この表現の裏には、I'm sorry I'm not a rock singer.（ロックシンガーじゃなくて残念だ）という現実があるんだ。仮定法過去では、be 動詞は were になるのが原則だったね。同様に仮定法過去完了 I wish I had been a rock singer.（僕がロックシンガーだったらよかったのに）は、過去の事実と異なる願望を表すことができるよ。この表現の裏にも、I'm sorry I was not a rock singer.（ロックシンガーでなかったことは残念だ）というちょっと悲しい事実が隠れているね。その場合は、対応も You would have been popular among the girls.（そしたら女子にモテモテだったかもね）となるよ。

### 日々の練習

- ☐ **日々1** 赤シートなしでCDを聞きながら読む
- ☐ **日々2** 赤シートを使い日本語を見て「穴埋め」
- ☐ **日々3** 日本語を聞いて英語で言う
- ☐ **GOAL!** アウトプット問題に挑戦！

**CD 28**

■ **001.** スマホがあればなあ。

I wish **I had a smartphone**.

☐ smartphone：スマートフォン

■ **002.** コウタが私の彼氏だったらなあ。

I wish **Kota was my boyfriend**.

■ **003.** 私たち、同じクラスだったらよかったのにね。

I wish **we were in the same class**.

**否定チェンジ！**

■ **004.** その映画がそんなに怖くなければいいんだけど。

I wish **the movie was not so scary**.

**時制チェンジ！**

■ **005.** もっと早く彼に会っていたらなあ。

I wish **I had met him earlier**.

■ **006.** あんなこと言わなければよかった。

I wish **I hadn't said that**.

## 疑問チェンジ！

**007.** 車が運転できればいいなって思う？

Do you wish you could drive a car?

**008.** きょうだいがいたらいいなって思う？

Do you wish you had a brother or sister?

## 会話に役立つ 応用チェンジ！

「いつもそう思っている」なら always を使おう。

**009.** もっと英語が上手に話せればいいのになっていつも思ってるんだ。

I always wish I could speak English better.

「never ＋現在完了形」で「…したことがない」と伝えられる。

**010.** 中学に戻れたらいいと思ったことはないな。

I've never wished I could go back to middle school.

□ middle school：中学校

> **アウトプット問題**

自分が欲しいものを選んで、I wish I ... で表現してみよう。

ヒント：オートバイ= motorbike、タブレット= tablet PC、彼氏= boyfriend、彼女= girlfriend
▷ 解答例は P.152

> **さらに**

「If only ... !」（…でさえあればなあ！）

**If only ... !** は「…でさえあればなあ！」という意味で、I wish ... とほとんど同じ内容を伝えることができるよ。P.69 の会話なら、**If only I were a rock singer!**（僕がロックシンガーでさえあればなあ！）と言い換えられるね。両者の違いを強いて言うなら、If only ... ! の方が**「より強い願望」**を表すということかな。文末に"！"（ビックリマーク。正式には、エクスクラメーションマークという）が付いていることからも伝わるね。If only の後ろには仮定法過去完了形を置くことができるのも、これまでの仮定法とおんなじだよ。「僕がロックシンガーじゃなかったことは残念だ」という気持ちは If only I had been a rock singer!（僕がロックシンガーでさえあったならなあ！）になるね。

## UNIT 15 「…するよりは〜したいよ」

受験 5 4 **3** 2 1 0 1 2 3 4 5 日常

### 日々の会話

"What do you want to do today?"
"**I would rather** watch TV at home **than** go out."

「今日はどうするの？」
「出かけるよりは、家でテレビを見ていたいな」

### 文のホネグミ！

**S would rather 動詞原形1 than 動詞原形2**
入替　　　　　　　　入替　　　　　　入替

意味：Sは動詞2よりむしろ動詞1したい

### ワンポイント！

would rather を使って、I would rather watch TV at home. と言えば、「むしろ家でテレビを見ていたい」と、**「控えめに希望を述べる」**ことができるよ。話すときには、**I would を短縮して、I'd rather** と言うことも多いね。**rather の後ろには動詞の原形**が続くよ。than を伴うと、例文のように「…するよりはむしろ〜したい」となって、ほかの何かと比較することができるんだ。この例文では watch（見る）と go out（外出する）という2つの動詞を比較している。その場合 than の後ろの動詞も原形になるよ。また、「どちらかと言えば外出したくない」と、気が進まないことを控えめに言いたいときには、I would rather not go out. と否定形にすればいいんだよ。この not の位置に要注意！　would rather の後ろに置くよ。（×）I would not rather go out.

073

## 日々の練習

- ☐ **日々1** 赤シートなしでCDを聞きながら読む
- ☐ **日々2** 赤シートを使い日本語を見て「穴埋め」
- ☐ **日々3** 日本語を聞いて英語で言う
- ☐ **GOAL!** アウトプット問題に挑戦！

CD 30

■ **001.** お昼ごはんは買うより作るよ。

I would rather **make lunch** than **buy it**.

■ **002.** 彼はタクシーに乗るよりは歩くよ。

He would rather **walk** than **take a taxi**.

■ **003.** 彼はけんかするよりは謝るよ。

He would rather **apologize** than **fight**.

**否定チェンジ！**

■ **004.** 残り物のピザ食べるくらいなら、食べなくていいよ。

I would rather <u>not</u> eat than **eat a leftover pizza**.
☐ leftover：残り物の

■ **005.** 雨にぬれるくらいなら、出かけない方がいいよ。

I would rather <u>not</u> **go out** than **get wet in the rain**.

## UNIT 15

> 時制チェンジ！

■006. お寺を訪ねるよりは、温泉に行きたかったな。

I would have rather been to a hot spring than have visited a temple.

■007. 図書館に行くより、カフェで勉強したかったな。

I would have rather studied in a café than have gone to the library.

> 疑問チェンジ！

■008. ビーチで寝そべってるより、泳ぐ方がいい？

Would you rather go swimming than lie on the beach?

> 会話に役立つ
> 応用チェンジ！

「…と思う」は I think ... の形で表せる。

■009. 働き始めるよりは、留学したいと思う。

I think I would rather study overseas than start working.

副詞 definitely は「間違いなく」と言い切るときにぴったり。位置に注意しよう。

■010. 無駄遣いするくらいなら、だんぜん貯金するわ。

I would definitely rather save money than spend it on nothing.

□ spend ... on nothing：…を無駄遣いする

> **アウトプット問題**

どちらの方に行きたい？　I would rather ... than ～で表現してみよう。

ヒント：キャンプに行く＝ go camping、海に行く＝ go to the beach
➡ 解答例は P.153

> **さらに**

## 「prefer -ing to -ing」（…よりむしろ～したい）

**prefer**（むしろ…の方を好む）という動詞を使うと、I prefer green tea to coffee.（私はコーヒーより緑茶の方が好きだ）のように would rather と似たような内容を表現できるよ。ここでは **than の代わりに to を使う**のがポイント！　動詞 prefer に続く目的語と前置詞 to の後ろ（前置詞の目的語）には名詞が来ることにも注意しよう。P.73「日々の会話」の I would rather watch TV at home than go out. は、prefer を使って **I prefer watching TV at home to going out.** と言い換えられるんだ。prefer は他動詞で、その目的語として動詞をそのままの形では使えないから、名詞の働きを持った動名詞の watching と going に変えていることに気付いたかな？

**"QUOTE"**

いままでに学習した構文が実際に使われていることを、著名人の発言やことわざで確認しよう！

> Live as if you were to die tomorrow. Learn as if you were to live forever.
>
> (unknown)

訳と解説は次のページへ

> You could be happy here. I could take care of you. I wouldn't let anybody hurt you. We could grow up together, E.T.
>
> (From the movie "E.T. the Extra-Terrestrial")

訳と解説は次のページへ

> 明日死ぬかのように生きろ。永遠に生きるかのように学べ。

(不明)

**使われている構文** SV as if S´V´ 過去形 参照→ UNIT 11

**解説** この言葉は一説によるとインドの政治指導者、ガンジー(1869-1948)の言葉といわれているよ。この文は、「明日死ぬ」「永遠に生きる」ということはあり得ないけど、そのつもりで…ということを表すためにas ifの後は「仮定法過去」になっているんだね。ちなみにこの「be + to 動詞の原形」の形は「〜するつもりだ」ということを表しているよ。この言葉の通りに「一瞬を大事にして」勉強を続けていきたいものだね。

> ここで幸せになれるよ。ぼくが面倒を見るよ。誰にも傷つけさせないよ。一緒に大きくなろうよ、E.T.。

(映画『E.T.』より)

**使われている構文** S would[could] 動詞 原形 参照→ UNIT 12

**解説** 映画『E.T.』(スティーブン・スピルバーグ監督)の名シーンから。遠い星から地球にやってきた宇宙人E.T.と心を通わせていた少年エリオットが、星に帰ろうと準備をするE.T.に向かって言うセリフ。「ここ(地球)にいれば」幸せになれるであろうこと、「ここにいれば」自分が面倒を見るということ、「僕なら」だれにも君を傷つけさせないということ、「ここにいれば」一緒に成長できる、ということをIfや副詞句を省略した仮定法の形で伝えているね。エリオットの必死さが伝わってくるようだね。

## UNIT 16 「とても…だから、〜だ」

"Have you read this book?"

"Yeah. **It is so interesting that you will want to read it again and again**."

「この本読んだ？」
「うん。この本はすごく面白いから、何度も読み返したくなるよ」

### 文のホネグミ！

SV **so** 形容詞（＋名詞）[副詞] **that** S′V′

入替　　　　　入替　　　　　　　　　入替

意味：Sはとても形容詞（な名詞）なのでS′ V′ ／とても副詞にSVなのでS′ V′

### ワンポイント！

「so ... that 〜」を使うことで、「とても…なので〜」という内容を伝えることができるんだ。**so の後ろには形容詞か副詞**を置くよ。上の会話の interesting は形容詞だね。副詞を使うと、Our teacher speaks so fast that no one can understand him.（私たちの先生はとても早口で話すので、みんな先生の言うことが分からない）のようになる。that は口語の場合には省略することもある。また、強調のために so を文頭に出して言い換えることもできるんだ。この例文なら、So interesting is this book that you will want to read it again and again. となる。倒置が起こって下線部が「VS」の語順になっていることに注目しよう。また否定の後に「so ... that 〜」がくると「〜なほど…ではない」という意味になるよ。The bag is not so expensive that you can't afford it.（そのバッグは、買えないほど高くはない）

### 日々の練習

- ☐ 日々1　赤シートなしでCDを聞きながら読む
- ☐ 日々2　赤シートを使い日本語を見て「穴埋め」
- ☐ 日々3　日本語を聞いて英語で言う
- ☐ GOAL!　アウトプット問題に挑戦！

CD 32

■001. この歌はとてもやさしいから、誰でも歌えるよ。

**This song is** so **easy** that **anyone can sing it**.

**否定チェンジ！**

■002. このクッキー大好きだから、誰にも分けてあげたくないの。

**I like these cookies** so **much** that **I <u>don't</u> want to share them with anyone**.

☐ share ... with 〜：…を〜と分け合う

■003. うれし過ぎて言葉が出てこない。

**I feel** so **happy** that **I <u>can't</u> say a word**.

■004. このコーヒーは熱過ぎて飲めない。

**This coffee is** so **hot** that **I <u>can't</u> drink it**.

■005. その公園は歩いていけないほど遠くないよ。

**The park is <u>not</u>** so **far** that **you <u>can't</u> get to it**.

## UNIT 16

> 時制チェンジ！

**006.** 天気がとてもよかったので、散歩に出かけた。

The weather <u>was</u> so nice that I <u>went</u> out for a walk.

□ go out for a walk：散歩に出かける

**007.** その映画はとても面白くて、笑いが止まらなかったよ。

The movie <u>was</u> so funny that I <u>couldn't</u> stop laughing.

**008.** 彼はとても忙しそうだったので、私たちは話しかけなかった。

He <u>seemed</u> so busy that we <u>didn't</u> talk to him.

> 会話に役立つ
> 応用チェンジ！

「…しようとしなかった」は、意志の助動詞 will の過去形 would を否定形に。

**009.** その話はすごく変だったから、彼は信じようとしなかったんだ。

The story was so strange that he <u>wouldn't</u> believe it.

現在のことを表すのに could not を使うと「(…しようとしたとしても) できない」という仮定のニュアンスになる。

**010.** かわいいキャラがいっぱいあるから、1つだけ選べないよ。

There are so many cute characters that I <u>could not</u> choose just one.

> **アウトプット問題**

こんな階段を見たら何と言いたくなる？ so ... that I ~ で表現してみよう。

ヒント：階段の一段＝ step、階段が高い＝ many steps、上る＝ climb

⇨ 解答例は P.153

> **さらに**

「It is so 形容詞 a/an 名詞」と「It is such a/an 形容詞＋名詞」

P.79「日々の会話」の It ( ＝This book) is so interesting that you will want to read it again and again.（この本はとても面白いので…）は、**It is so interesting a book that** you will want to read it again and again.（これはとても面白い本なので…）と言い換えることができる。普通は、It is an interesting book. のように、「a/an 形容詞＋名詞」の語順だけど、so が付くと「**so 形容詞 a/an 名詞**」の形になることに注意してね。でもこれは形式ばった表現で、口語では such を使って、**It is such an interesting book that** you will want to read it again and again. と言う方が一般的だよ。このときは、「such a/an 形容詞＋名詞」の語順で OK！

## UNIT 17 「…できるように~」

受験 5 4 **3** 2 1 0 1 2 3 4 5 日常

### 日々の会話

"I'm wearing sunglasses **so that** no one **can** recognize me."

"You don't have to do that."

「誰も私だって気付かないように、サングラスをかけているのよ」
「そんな必要ないって」

### 文のホネグミ！

**S V so that S′ can[will/may] 動詞**原形

（入替）　（入替）　（入替）

意味：S′ が動詞できる［する］ようにSV

### ワンポイント！

so that を使って、「…するために／…するように」という **「目的」を表現**することができるんだ。so that に続く節の中では、文脈に応じて、**can[could] や will[would] などの助動詞**を用いるよ。can[could] の代わりに may[might] を使うと改まった言い方になる。so that に続く節の主語は、上の例文のように主節の主語と異なる場合もあるし、同じ場合もあるんだ。so that の that は口語では省略される傾向にあって、その場合には、I went to bed early last night **so** I could watch a World Cup soccer game at 3:00 in the morning.（朝3時のワールドカップサッカーの試合を見るために昨夜は早く寝た）などと表現できるよ。

## 日々の練習

- ☐ 日々1　赤シートなしでCDを聞きながら読む
- ☐ 日々2　赤シートを使い日本語を見て「穴埋め」
- ☐ 日々3　日本語を聞いて英語で言う
- ☐ GOAL!　アウトプット問題に挑戦！

CD 34

**001.** またテレビを見られるように、さっさと宿題を終わらせよう。

I'll finish the homework quickly so that I can go back to watching TV.

**002.** やせられるように、食べ過ぎをやめなさいよ。

Stop eating too much so that you can slim down.

**003.** もっとよく見えるように、こっちに来て座りなよ。

Come and sit here so that you can see better.

**004.** メッセージを送るには、ここをクリックして。

Click here so that you can send a message.

**否定チェンジ！**

**005.** ガッカリしないように、あんまり期待しないで。

Don't expect too much so that you will not be disappointed.

☐ be disappointed：落胆している

## UNIT 17

### 時制チェンジ！

**006.** 彼女は遅刻しないように早く家を出た。

**She left home early** so that **she would** not **be late**.

**007.** 百万長者になれるように、今週宝くじを買ったんだ！

**I bought a lottery ticket this week** so that **I could be a millionaire**!

### 疑問チェンジ！

**008.** 後で食べられるように、お菓子を取ってあるの？

**Are you saving the snack** so that **you can eat it later**?

### 会話に役立つ 応用チェンジ！

「…しないように」は so that S will not ... の形で表現できる。

**009.** 忘れないようにメモを取ってくれる？

**Can you take notes so that you will not forget**?
☐ take notes：メモを取る

「…したい」は want to ...。

**010.** 彼女が傷つかないように、それを秘密にしておきたいんだ。

**I want to keep it secret** so that **she will not get hurt**.
☐ get hurt：傷つく

> **アウトプット問題**

勉強して将来なりたいものは何？ I will study hard so that ... を使って表現してみよう。

ヒント：医者＝ doctor、弁護士＝ lawyer、教師＝ teacher
▶ 解答例は P.154

> **さらに**

### 「in order that ～」との言い換え

so that の文は、**in order that を使って言い換えることができる**。P.83 の「日々の会話」「ワンポイント！」で使った例文を言い換えてみるよ。I'm wearing sunglasses so that no one can recognize me. は、I'm wearing sunglasses <u>in order that</u> no one can recognize me. に、I went to bed early last night so I could watch a World Cup soccer game at 3:00 in the morning. は I went to bed early last night <u>in order that</u> I could watch a World Cup soccer game at 3:00 in the morning. となる。意味はほぼ同じだけど、in order that の方が改まった、かたい表現になるよ。ちなみに so that の that は省略可能だけど、**in order that の that は基本的には省略しない**ので注意しよう。

## UNIT 18 「…過ぎて〜できない」

受験 5 4 3 2 1 0 1 2 3 4 5 日常

**日々の会話**

"The bag is too heavy for me to carry."
"Maybe you've bought too many souvenirs."

「バッグが重過ぎて私には運べないよ」
「おみやげ買い過ぎたんでしょ」

### 文のホネグミ！

**S is too 形容詞 (for 人) to 動詞原形**

入替　　入替　　入替　　入替

意味：(人が) 動詞するにはSはあまりに形容詞だ／Sが形容詞過ぎて (人が) 動詞できない

### ワンポイント！

「あまりに…なので〜できない／〜できないほど…だ」という意味を表すのに、too ... to 〜が使えるよ。下線で示したように、日本語は否定文だけど、英文は肯定文。もともとは「〜するには…過ぎる」という意味だと考えれば肯定文であることも納得できるね。UNIT 1で学習したように、不定詞（to 動詞の原形）の前に「for 人」の形で不定詞の意味上の主語を置くこともできる。例えば、This problem is too difficult for me to solve.（この問題は僕には難し過ぎて解くことができない）のような文がそうだね。ほかの人はともかく、自分にとって難しいことが分かるね。文の主語（This problem）が不定詞の目的語になっている場合（to solve this problem）には、不定詞の後に目的語は不要。（×）This problem is too difficult for me to solve it. などとしないように。

**日々の練習**

- ☐ 日々1　赤シートなしでCDを聞きながら読む
- ☐ 日々2　赤シートを使い日本語を見て「穴埋め」
- ☐ 日々3　日本語を聞いて英語で言う
- ☐ GOAL!　アウトプット問題に挑戦！

CD 36

■ 001. その問題は、難し過ぎて私には答えられない。

That question is too difficult for me to answer.

■ 002. このケーキ、甘過ぎて食べられない。

This cake tastes too sweet to eat.

☐ taste：…な味がする

**時制チェンジ！**

■ 003. おなかがすき過ぎて何も考えられなかった。

I was too hungry to think.

**否定チェンジ！**

■ 004. バレエを習い始めるのに年を取り過ぎてるってことはないよ。

You are not too old to start learning ballet.

■ 005. 僕の自転車、君が乗るのに大き過ぎるってことはないよ。

My bike is not too big for you to ride.

UNIT 18

**006.** この靴、1カ月のお小遣いで買えないほど高くはなかったよ。

These shoes were not too expensive to buy with my monthly allowance.
□ monthly allowance：1カ月のお小遣い

**疑問チェンジ！**

**007.** (私たちにとって)マラソンするにはこの天気は暑過ぎるよね？

The weather is too hot for us to run a marathon, isn't it?

**008.** このお茶、君が飲むには熱過ぎるかな？

Is this tea too hot for you to drink?

**会話に役立つ 応用チェンジ！**

「…と思わない？」は Don't you think ...? で OK。

**009.** 試験の準備を始めるには早過ぎると思わない？

Don't you think it's too early to prepare for the exam?

「…だといいけど」は I hope ... で表せる。

**010.** 彼らが怒ってて私たちと一緒にいられない、なんてことがないといいけど。

I hope they are not too angry to stay with us.

> **アウトプット問題**

へとへとに疲れてしまった。I am too ... to ~で表現してみよう。

ヒント：泳ぐ＝ swim、走る＝ run

▶ 解答例は P.154

> **さらに**

## 「so ... that ~」との言い換え

この「too ... to ~」の構文は、UNIT 16 で学習した**「so ... that ~」**（とても…だから~）の表現で言い換えることができる。that の後に節（SV の形）を置いて、さらに意味を考えて否定形にするんだ。P.87「日々の会話」の例文を使うと、The bag is so heavy that I can't carry it. となるね。この場合、**that 以下の節はどの要素も欠けていない完全な英文が必要**なんだ。主語は I、carry は他動詞で目的語を伴うから、the bag を表す代名詞 it が必要だよ。carry it と目的語が必要になるところが「too ... to ~」構文とは違う点。同様に「ワンポイント！」で紹介した This problem is too difficult for me to solve. なら、This problem is so difficult that I can't solve it. になる。

# UNIT 19 「…するために」

受験 5 4 3 2 1 0 1 2 3 4 5 日常

### 日々の会話

"There will be an air show this weekend."

"Is a ticket necessary **in order to** see it?"

「今週末航空ショーがあるよ」
「それ見るのにはチケットが必要？」

## 文のホネグミ！

### SV **in order to** 動詞原形
（入替）　　　　　　　　　　（入替）

意味：動詞するためにＳＶ

## ワンポイント！

Is a ticket necessary to see it? のように、不定詞を使って「…するために」という「目的」を表すことができる。こういう不定詞の使い方を「副詞的用法」と言うんだったね。でも、上の「日々の会話」のように in order to を使うと、その**目的をもっとはっきりと表すことができる**んだよ。例えば I want to go to the United States **in order to** study English. と言えば、単に I want to go to the United States to study English. と言うよりも、「英語を勉強するぞ！」という強い意志を持ってアメリカに向かう感じが伝わるんだ。in order to の代わりに so as to を使って言い換えることもできる。最初の文は Is a ticket necessary so as to see it? になるね。明確な目的を持つという意味では、in order to も so as to も同じだと考えていいよ。

## 日々の練習

- ☐ **日々1** 赤シートなしでCDを聞きながら読む
- ☐ **日々2** 赤シートを使い日本語を見て「穴埋め」
- ☐ **日々3** 日本語を聞いて英語で言う
- ☐ **GOAL!** アウトプット問題に挑戦！

**CD 38**

■ 001. 成長するためには牛乳を飲まないと。

**We should drink milk** in order to **grow**.

☐ grow：成長する

■ 002. 目標達成のためには助け合わないと。

**We should help each other** in order to **achieve our goal**.

### 否定チェンジ！

■ 003. 寝過ごさないよう目覚ましをセットしよう。

**I will set my alarm clock** in order <u>not</u> to **oversleep**.

### 時制チェンジ！

■ 004. 彼にメールを送るために携帯を買った。

**I <u>bought</u> a cellphone** in order to **text him**.

☐ text：…に携帯メールを送る

■ 005. ログインするためにパスワードを入力した。

**I <u>entered</u> my password** in order to **log in**.

☐ enter：…を入力する

■006. 彼は電車に乗り遅れないよう走った。

<u>He</u> <u>ran</u> in order not to miss the train.
　□ miss the train：電車を逃す、電車に乗り遅れる

**疑問チェンジ！**

■007. 生きるためにほかの動物を食べないといけないのかな？

<u>Do</u> <u>we</u> have to eat other animals in order to live?

■008. モデルになるには何をすればいいの？

<u>What do I</u> need to do in order to be a model?

**会話に役立つ 応用チェンジ！**

「（一緒に）…しよう」はLet's ... の形で表現できる。

■009. もっと部員が集まるよう、彼に話してみよう。

<u>Let's</u> talk to him in order to get more members.

「…すれば？」と提案するのにWhy don't you ... ？を使ってみよう。

■010. 会う約束をするために、彼に電話してみれば？

<u>Why</u> <u>don't</u> <u>you</u> call him in order to make an appointment?
　□ make an appointment：会う約束をする

> **アウトプット問題**

何をするために図書館にいるのかな？　We are here in order to ... で言ってみよう。

ヒント：宿題をする＝ do one's homework、試験勉強をする＝ prepare for the exam
⇨ 解答例は P.155

> **さらに**

### 「in order to」の否定と「in order that SV」

in order to や so as to を**否定するときには、not を必ず to の直前に置いて**、in order not to、so as not to という語順になるんだ。意味は「…しないように」。I got up early this morning **in order not to[so as not to] miss the train**.（電車に乗り遅れないように、私は今朝早起きしました）というように使う。in order to や so as to と似た表現に UNIT 17 で学習した so that、in order that があって、「…するために」という意味になるよ。in order to との違いは、that が接続詞だから、その後ろに「SV」が続く点。You should speak louder in order that[so that] everyone can hear you.（みんなに聞こえるように大きな声で話した方がいい）のような使い方をするよ。

## UNIT 20 「…するのに十分〜」

"My cat is smart enough to open the window."
"So is mine."

「うちのネコは賢くて窓が開けられるんだよ」
「うちのもだよ」

### 文のホネグミ！

形容詞[副詞] **enough to** 動詞原形 / **enough** 名詞 **to** 動詞原形

意味：動詞するのに十分形容詞[副詞] ／ 動詞するのに十分な名詞

### ワンポイント！

形容詞や副詞の後ろに「enough to 動詞の原形」を置くと、「…するのに十分〜だ」とか「十分〜だから…する」という意味を表すことができるんだ。enoughの位置は、形容詞や副詞の「後ろ」だから注意してね。This problem is easy enough to solve. で「この問題は解くのが簡単だ」という意味だけど、「この問題は僕にとっては解くのが簡単だ」と強調したい場合は、This problem is easy enough for me to solve. と表現するよ。この「for me」を不定詞（この場合は to solve）の意味上の主語と呼ぶんだったね。一般論を述べるなら必要ないけど、「〜にとっては…」と強調したい場合には意味上の主語を付けよう。また、enoughは名詞の前に置いて I didn't have enough time to hang around there.（その辺りをブラブラする〈十分な〉時間がなかったんだ）のように表すこともできるよ。

## 日々の練習

- ☐ 日々1　赤シートなしでCDを聞きながら読む
- ☐ 日々2　赤シートを使い日本語を見て「穴埋め」
- ☐ 日々3　日本語を聞いて英語で言う
- ☐ GOAL!　アウトプット問題に挑戦！

**001.** このスカートは太ももを隠すのに十分だわ。

This skirt is **long** enough to **cover my thighs**.

☐ thigh：太もも

**002.** それについて話す時間は十分にあるよ。

We have enough **time** to **talk about it**.

### 否定チェンジ！

**003.** 焼き芋2つ買えるほどのお金はないな。

I <u>don't</u> have enough **money** to **buy two roast sweet potatoes**.

☐ roast：焼いた、ローストした

**004.** この電池には携帯を立ち上げるだけの力がない。

The battery <u>doesn't</u> have enough **power** to **start the cellphone**.

**005.** 僕は彼女にダメだと言えるほど強くないんだよ。

I am <u>not</u> **strong** enough to **say no to her**.

☐ say no：ダメだと言う

## UNIT 20

> 時制チェンジ！

■ 006. いい点が取れるほど十分に勉強していなかったんだ。

I <u>didn't</u> study **hard** enough to **get a good score**.

> 疑問チェンジ！

■ 007. みんなで分けるのに十分なだけのキャンディーがある？

<u>Do you</u> have enough **candy** to **share with everyone**?

■ 008. 私、留学するのに十分な英語力があるかな？

<u>Is my English</u> **good** enough to **study overseas**?
□ study overseas：留学する

> 会話に役立つ 応用チェンジ！

助動詞 would を用いると「多分…だろうな」というニュアンスになる。

■ 009. 彼女は過ちを認められるくらい大人だろう。

She <u>would</u> be **adult** enough to **admit a mistake**.
□ admit：…を認める

「…だといいな」と希望を表すには I hope ... を付ければOK。

■ 010. 鈴木さんに話しかけられるくらいの勇気があればなあ。

<u>I hope</u> I can be **brave** enough to **talk to Suzuki-san**.

> **アウトプット問題**

こんな状況では何と言う？　He is ... enough to 〜で表現してみよう。

ヒント：背が高い＝ tall、見える＝ see、富士山＝ Mount Fuji、太陽＝ the sun、窓から＝ through the window

▷ 解答例は P.155

> **さらに**

## 「enough to 動詞の原形」と「so ... that 〜」の言い換え

Emma was kind enough to help with my homework.（エマは親切だから私の宿題を手伝ってくれた）は、so ... that 〜を使って、**Emma was so kind that she helped with my homework.** と言うこともできるんだ。この場合、2つの意味はほとんど同じ。でも、いつも言い換えが可能なわけじゃないから内容で判断しよう。例えば Emma is old enough to travel alone.（エマは一人で旅行できるほどの年齢だ）は、（×）Emma is so old that she can travel alone. とは言えないよ。言いたいのは、「…することができるだけの年齢」なのに、Emma is so old that ... としたら、「エマはとても年をとっている」という意味になっちゃうからね。そんなこと言ったらエマに怒られちゃう！

## "QUOTE"

いままでに学習した構文が実際に使われていることを、著名人の発言やことわざで確認しよう！

> Time and again these men and women struggled and sacrificed and worked till their hands were raw so that we might live a better life.

(Barack Obama)
Inaugural Address, January 20, 2009

訳と解説は次のページへ

> One is never too old to learn.

(proverb)

訳と解説は次のページへ

> 私たちがよい生活を送れるように、これらの男女は何度も苦労し、自分を犠牲にし、また手がすりむけるまで働きました。

（バラク・オバマ）
2009年1月20日の大統領就任演説より

**使われている構文** SV so that S′ may 動詞原形 ……参照→ UNIT 17

**解説** バラク・オバマ第44代アメリカ合衆国大統領の2009年の大統領就任演説から。「祖先たちの努力によって、今日のアメリカの繁栄がある」と言っているところ。ここでは these men and women は祖先、we はアメリカ、アメリカ国民ぐらいに考えておいていいだろう。… so that we might ～の形で、アメリカがよりよくなるために（アメリカ国民がよりよい生活を送るために）という形の文になっているね。2009年当時、このスピーチを題材にした本がたくさん出版された。英語学習素材としても価値のある名スピーチだよ。

> 学ぶのに年を取り過ぎているということはない。

（ことわざ、定型表現）

**使われている構文** S is too 形容詞 (for 人) to 動詞原形 ……参照→ UNIT 18

**解説** これは英語のことわざで、「何かを学ぶのに年齢は関係ない」という意味。「too … to ～」の形になっているのは分かるね。「One is」の部分は「You are」や「He is」にすれば、いろんな人について語るときに使える。UNIT18の「日々の練習」の004でも You are not too old to start learning ballet.（バレエを習い始めるのに年を取り過ぎてるってことはないよ）なんて表現が出てきたね。似たような意味を持つフレーズに "It's never too late to learn."（学ぶのに遅すぎるということはない）というのもあるよ。

## UNIT 21 「…が〜するのを手伝う」

受験 5 4 3 2 1 0 1 2 3 4 5 日常

### 日々の会話

"Are you listening to that song again?"

"Yes, **it helps me feel better**."

「またその歌を聞いてるの？」
「うん、これ（を聞くと）気分がよくなるんだよ」

### 文のホネグミ！

**S help 人 (to) 動詞原形**

入替　入替　入替

意味：Sは人が動詞するのを手伝う［助ける］

### ワンポイント！

「help 人（目的語）」の後は to 不定詞でも、to を伴わない動詞の原形（原形不定詞）でもどちらでも OK。だから上の会話は Yes, it helps me to feel better. とも言える。この文の主語の it は that song を指していて、このような主語は「無生物主語（生きものではない主語）」と呼ばれる。もちろん My sister helped me cook dinner.（姉さんが夕食を作るのを手伝ってくれた）のように人を主語にすることもできるよ。to を付ける場合も付けない場合も意味は変わらないけど、原形不定詞を使う方がより口語的なんだ。この UNIT の練習は全部「原形不定詞」でいこう！

## 日々の練習

- ☐ 日々1 　赤シートなしでCDを聞きながら読む
- ☐ 日々2 　赤シートを使い日本語を見て「穴埋め」
- ☐ 日々3 　日本語を聞いて英語で言う
- ☐ GOAL! 　アウトプット問題に挑戦！

**001.** コーヒー飲むと目を覚ましていられるんだ。

**Coffee** helps **me stay awake**.

**002.** 野菜は健康であるために役立つんだよ。

**Vegetables** help **you keep healthy**.

### 否定チェンジ！

**003.** このアプリはブログを書くのに全然役に立たないな。

**This application** doesn't help **me write a blog at all**.

☐ application：アプリ

### 時制チェンジ！

**004.** 電気自動車は地球の温暖化抑制に役立つだろう。

**Electric cars** will help **stop global warming**.

＊この文は目的語を省略した形。P.104「さらに」参照
☐ global warming：地球温暖化

**005.** 彼女は数学の問題を解くのを手伝ってくれた。

**She** helped **me solve the math problem**.

UNIT 21

**006.** ミーティングのおかげで互いに分かり合えるようになった。

The meeting helped us understand each other.

**疑問チェンジ！**

**007.** コピー取るの手伝ってくれない？

Can you help me make some copies?

**008.** 体育館にマットを運ぶの手伝ってくれない？

Can you help us bring the mattress to the gym?

□ mattress：マット

**会話に役立つ 応用チェンジ！**

Do you think you can ...? はお願いするときに使える表現。

**009.** なくした鍵を見つけるの、手伝ってくれないかな？

Do you think you can help me find my lost key?

What would help me ...? で、「何をすれば役立つだろう？」と尋ねられる。

**010.** 語学力向上のためには何が役立つかな？

What would help me improve my language skills?

## アウトプット問題

君だったら何と言う？ Can you help me ...? を使って言ってみよう。

ヒント：この本を運ぶ= carry these books

▷ 解答例は P.156

## さらに

### help の目的語の省略と受け身の表現

「help + 人 + to 不定詞［原形不定詞］」の**目的語は省略可能**なので We helped（省略）put up the tent.（私たちはテントの設営を手伝った）のように言うこともできるんだ。to を省かない We helped to put up the tent. ももちろん OK。help を使ったこの構文で to を省くのはもともとアメリカ英語の特徴だったけど、今ではイギリス英語でも to を省略するのが普通になりつつあるようだ。でも、**受動態の場合には必ず to 不定詞を使う！** これだけは忘れないようにしよう。I was helped to carry the suitcase upstairs.（私はスーツケースを2階に運ぶのを手伝ってもらった）とは言えるけど、（×）I was helped carry the suitcase upstairs. とは言えないよ。

# UNIT 22 「…と〜の両方／どちらか／どちらもない」

受験 5 4 3 2 1 0 1 2 3 4 5 日常

CD 43

日々の会話

"Both yellow and pink suit you."
"How about green?"

「黄色もピンクもあなたに似合うよ」
「グリーンはどう？」

## 文のホネグミ！

**both A and B / either A or B / neither A nor B**

（入替）（入替）　（入替）（入替）　　（入替）（入替）

意味：AもBも両方／AかBのどちらか／AもBもどちらもない

## ワンポイント！

接続詞を使った3つの表現。**both A and B（AとBの両方）** は She has both knowledge and experience.（彼女には知識も経験もある）のように使うよ。**either A or B（AかBのどちらか）** の例は、Either my sister or I have to take our dog for a walk.（姉［妹］か私のどちらかが犬を散歩に連れていかなければならない）など。**neither A nor B（AもBもどちらもない）** は Neither Mike nor I am satisfied with the result.（マイクも僕もその結果に満足していない）のように AB 両方を否定する。3つとも、カタマリとして主語／目的語／補語になるけど、主語の場合は動詞の形に注意。both A and B は、Both Mike and I are ...（マイクと僕は…）のように複数形で受け、**either A or B と neither A nor B の動詞は B に合わせる**というルールがあるよ。

## 日々の練習

- ☐ 日々1　赤シートなしでCDを聞きながら読む
- ☐ 日々2　赤シートを使い日本語を見て「穴埋め」
- ☐ 日々3　日本語を聞いて英語で言う
- ☐ GOAL!　アウトプット問題に挑戦！

CD 44

■ 001. モエもカリンも私の友達だよ。

Both Moe and Karin are friends of mine.

■ 002. 学校に来るのに、電車かバスを使ってます。

I take either the train or the bus to come to school.

**否定チェンジ！**

■ 003. エレナにもマミにも会わなかったよ。

I didn't see either Elena or Mami.

■ 004. このアルバムはよくも悪くもないよ。

This album is neither good nor bad.

■ 005. チーズケーキもチョコレートケーキも好きじゃない。

I like neither cheese cake nor chocolate cake.

■ 006. 今日はダイチもケンタも来ないよ。

Neither Daichi nor Kenta is coming today.

> 時制チェンジ！

▌007. おにぎりもパンも買ったんだ。

I <u>bought</u> both rice balls and bread.

> 疑問チェンジ！

▌008. 今日はお母さんもお父さんも家にいるの？

<u>Are both</u> Mom and Dad at home today<u>?</u>

> 会話に役立つ
> 応用チェンジ！

「…しているようだ」は「seem to 動詞」を使おう。

▌009. マリもサヤカも私に賛成してくれているみたい。

Both Mari and Sayaka <u>seem to agree</u> with me.

助動詞の would は「たぶん…だろう」という推測を表せる。

▌010. 一年のこの時期、ニューヨークは寒くも暑くもないだろうな。

At this time of the year, New York <u>would</u> be neither cold nor hot.

## アウトプット問題

自分のものはどれ？　Both ... and ~ are mine. を使って答えてみよう。

**Which ones are yours?**
（あなたのものはどれ？）

ヒント：カバン＝ bag、財布＝ wallet、靴＝ shoes

➡ 解答例は P.156

## さらに

### neither についてもうちょっと

neither A nor B は全否定だと紹介したけど、「彼女はフランス語もイタリア語も話さない」を意味する She speaks neither French nor Italian. は She doesn't speak either French or Italian. と、not either A or B を使って言い換えることができるんだよ。また、neither を使った表現として、She is not angry. **Neither[Nor] am I.** (=I'm not, either.)（彼女は怒っていない。僕だってそうだ）や She doesn't like noodles. **Neither do I.** (=I don't like them, either.)（彼女は麺が好きではない。僕もだ）も覚えておこう。**否定文を受けて「…もまた～でない」と言いたいときに使う表現**だよ。逆に、肯定文を受けて、「…も～だ」と言いたいときは、She is angry. So am I. (=I am angry, too.) や She likes noodles. So do I. (=I like them, too.) と表現するよ。

# UNIT 23 「…じゃなくて〜」

受験 5 4 3 2 1 0 1 2 3 4 5 日常

### 日々の会話

"Can you believe that a robot can cook?"

"It is not a dream but a reality."

「ロボットが料理するなんて信じられる？」
「夢じゃなくて本当にあることなんだよ」

### 文のホネグミ！

## not A but B

入替　入替

意味：AではなくB

### ワンポイント！

こういう表現って、どっちがAでどっちがBか分からなくなっちゃうことあるよね。**そんなときは「前から考える」**こと！　間に「／（スラッシュ）」を入れてみると分かりやすいよ。not A ／ but B（Aじゃないよ／でもBだよ）と考えよう。not はAを否定しているんだ。上の会話の It is not a dream but a reality. では、not A but B が補語の働きをしているけど、主語になることもある。**not A but B が主語の働きをするときには、動詞はBに合わせる**よ。例えば、Not I but a robot cooks.（僕じゃなくてロボットが料理する）の場合には、a robot に合わせて動詞は cooks になるわけだ。覚えておこう。

## 日々の練習

- ☐ 日々1　赤シートなしでCDを聞きながら読む
- ☐ 日々2　赤シートを使い日本語を見て「穴埋め」
- ☐ 日々3　日本語を聞いて英語で言う
- ☐ GOAL!　アウトプット問題に挑戦！

**001.** これは写真じゃなくて絵なんだ。

It is not **a photo** but **a painting**.

**002.** 君が言っているのは理由じゃなくて言い訳だよ。

What you are saying is not **a reason** but **an excuse**.

**003.** 卒業とは、終わりではなく始まりなんだよ。

Graduation is not **the end** but **the beginning**.

**004.** 彼らの問題は、外側じゃなく内側にある。

Their problem is not **on the outside** but **on the inside**.

**005.** 英語を勉強するのは、やらなくちゃいけないからじゃなくて、好きだからだよ。

I study English not **because I have to** but **because I like it**.

## UNIT 23

**時制チェンジ！**

**006.** そのマンガは1回だけじゃなくて2回読んだ。

I <u>read</u> the comic book not *once* but *twice*.

**007.** それは幽霊じゃなくて木の枝だった。

It <u>was</u> not *a ghost* but *a tree branch*.
☐ branch：枝

**008.** コウジにチョコをあげたのはミナミではなくてナナだよ。

It <u>was</u> not *Minami* but *Nana* who gave Koji a chocolate.
＊ It is ... that[who] の強調構文（UNIT 5）

**会話に役立つ 応用チェンジ！**

here、somewhere といった副詞で表現を広げよう。

**009.** そのバッグはここにはないけれど、洋服ダンスのどこかにあるよ。

The bag is <u>not *here*</u> but *somewhere in the closet*.

not A but B の A、B は形容詞でも OK。

**010.** 僕の英語はとても上手ってほどじゃないけど、彼の言うことを理解するには十分だよ。

My English is <u>not *great*</u> but *good enough to understand him*.

> **アウトプット問題**

1番になるのは誰だろう？ It won't ... but 〜 who will come first. で表現してみよう。

⇨ 解答例は P.157

> **さらに**

### 「B, not A」、「Not only A but also B」、「A as well as B」など

今回出てきた not A but B（AではなくB）の表現と似たようなものに **B, not A（AではなくB）** や **Not only A but also B（AだけでなくBもまた）** という表現もある。これも意味に迷ったら「／（スラッシュ）」を入れて「前から」考えればそんなに複雑ではないはずだよ。**A as well as B（Bと同様Aもまた）** も、同じように「／」を入れてみよう。「Aだよ／Bと同様に」と考えられるね。A robot as well as I cooks. なら、「私と同様ロボットも料理をする」という意味で、このとき、話の中心は a robot のこと。だから**動詞は主語 a robot に合わせて cooks** になっているんだね。

## UNIT 24 「…に〜させる」

受験 5 4 3 2 1 0 1 2 3 4 5 日常

### 日々の会話

"The heat makes me feel tired."
"You should get some rest."

「暑くて疲れるよ」
「少し休んだ方がいいよ」

### 文のホネグミ！

**S make 人 動詞原形**

入替　　入替　入替

意味：Sは人に動詞させる

### ワンポイント！

「使役動詞」の表現を学ぼう。**使役動詞には、make、have、let があって、「使役動詞＋目的語＋動詞の原形」の形が基本**。make は「（強制的に）…に〜させる」、have は「（専門家や職人など）に〜させる（してもらう）」、let は「…が〜することを許す」と、make ⇒ have ⇒ let の順に強制力が弱くなるんだ。例を挙げておこう。My mother made me clean my room.（母は私に〈強制的に〉部屋の掃除をさせた）、I had the dentist look at my wisdom teeth.（私は歯医者〈＝専門家〉に親知らずを見てもらった）、Please let me introduce myself.（自己紹介させてください）。ここではまず使役動詞の代表として make を練習して、慣れてきたら、have や let の文を作ってみよう。ちなみに、The Beatles の名曲 "Let It Be"（なすがままに）も使役動詞の構文だよ。

## 日々の練習

- ☐ 日々1　赤シートなしでCDを聞きながら読む
- ☐ 日々2　赤シートを使い日本語を見て「穴埋め」
- ☐ 日々3　日本語を聞いて英語で言う
- ☐ GOAL!　アウトプット問題に挑戦！

**CD 48**

■001. そのシャツは君をよりかっこよく見せてくれてるよ。

The shirt makes you look better.

■002. メガネをかけるとよりはっきり見えるんだよ。

The glasses make me see clearer.

■003. その本を読むと、現代の社会問題について理解できる。

The book makes us understand the current social problems.

☐ current social problems：現代の社会問題

**否定チェンジ！**

■004. その音楽を聞いても幸せな気分になれない。

The music doesn't make me feel happy.

**時制チェンジ！**

■005. お母さんにスーパーに行かされた。

Mom made me go to a supermarket.

■006. ライラは私に、ピーナッツバターとジャムのサンドイッチを試食させた。

**Laila made me try a peanut butter and jelly sandwich.**

☐ jelly：ジャム

### 疑問チェンジ！

■007. その映画は泣けた？

**Did the movie make you cry?**

■008. どうしてそんなふうに考えるようになったの？

**What made you think that?**

### 会話に役立つ 応用チェンジ！

「…と信じさせる」は make と believe that ... を用いれば OK。

■009. 弟にサンタは本当にいるって信じさせたんだ。

**I made my brother believe that Santa Claus was real.**

使役表現の受動態は to 不定詞になることに注意しよう（P.116 参照）。

■010. 3歳のときにピアノを習わされたの。

**I was made to have piano lessons at the age of 3.**

> **アウトプット問題**

よい気分にしてくれるのはどんなこと？ ... makes me feel good を使って表現してみよう。

ヒント：音楽＝ music、足湯＝ foot bath、絵画＝ painting

⇨ 解答例は P.157

> **さらに**

### 「get 人 to 動詞の原形」と使役動詞の受動態

make、have、let のほかに、get にも似たような使役の用法がある。make と大きく違うのは「to 不定詞」を使うこと。例えば I'll get Mike to call you back when he comes home.（マイクが帰宅したら電話をさせるわね）。get には、相手を説得して何かをしてもらうというニュアンスがあるんだ。また、使役動詞を使った文を受動態にするときには、動詞の原形ではなく、「to不定詞」を使うことに注意しよう。My mother made me clean my room.（母は私の部屋の掃除をさせた）の受動態は、I was made to clean my room by my mother.（私は母に部屋の掃除をさせられた）となるよ。普通の受動態の文と同様、特に伝えたいとき以外は by ...（…によって）を省略する場合が多い。

## UNIT 25 「…を〜してもらう／〜される」

受験 5 4 3 2 1 0 1 2 3 4 5 日常

CD 49

日々の会話

"**Have you had your homework checked**?"

"Oh, not yet."

「(先生に) 宿題チェックしてもらった？」
「あ、まだだった」

### 文のホネグミ！

**S have 物 過去分詞**

入替　　入替　　入替

意味：Sは物を動詞してもらう／される

### ワンポイント！

「have[get] O 過去分詞」で **「O を…してもらう［させる］」(使役・指示)、「O を…される」(被害)** という意味を表すよ。「使役・指示」か「被害」かは文脈から判断することになるけど、**主語に意志があるときは使役、意志がないときには被害**を表す傾向にあるんだ。I had my hair cut.（私は髪を切ってもらった）は使役だと判断できるね。悪いことをして丸坊主にされた場合を除けば、「被害」はあり得ないよね。ちなみに、**この cut は過去分詞**だよ。cut-cut-cut という活用だから形は同じだけど、my hair と cut の間には、My hair was cut. という受動態の関係があることを確認しておこう。一方、I had my bag stolen.（カバンが盗まれちゃった）は被害。ここでも、my bag と stolen の間には My bag was stolen. という関係があることを確認しておこう。

## 日々の練習

- ☐ **日々1** 赤シートなしでCDを聞きながら読む
- ☐ **日々2** 赤シートを使い日本語を見て「穴埋め」
- ☐ **日々3** 日本語を聞いて英語で言う
- ☐ **GOAL!** アウトプット問題に挑戦！

**CD 50**

■ **001.** 歯医者で歯をきれいにしてもらったんだ。

I had my teeth cleaned at the dentist.

■ **002.** その話は納得のいくものだった。

The story had me convinced.
☐ convince：…を納得させる

■ **003.** その動画にショックを受けた。

The video had me shocked.

■ **004.** 自転車が盗まれちゃった。

I had my bike stolen.

**時制チェンジ！**

■ **005.** 携帯を新しいのと交換したんだ。

I've had my cellphone exchanged for a new one.

118

## UNIT 25

> 否定チェンジ！

**006.** 彼女はまだパソコンを修理していない。

She hasn't had her PC fixed yet.

☐ fix：…を修理する

> 疑問チェンジ！

**007.** それ、もうやってもらった？

Have you had it done yet?

**008.** 腕時計直してもらった？

Did you have your watch repaired?

> 会話に役立つ 応用チェンジ！

「have 物 過去分詞」で、「使役」「被害」以外に「完了」の意味を表すことがある。

**009.** 僕、それを分かっていると思っていたよ。

I thought I had it figured out.

☐ figure out ...：…を理解する

「I shouldn't have 過去分詞」（…するんじゃなかった）は後悔の気持ちを表せる表現。

**010.** 髪の毛を短くするんじゃなかった。

I shouldn't have had my hair cut short.

## アウトプット問題

手入れが必要なものがいろいろある！ I should have my ... 過去分詞 . を使って表現してみよう。

ヒント：…を修理する= repair、時計= clock、窓= window
➡ 解答例は P.158

## さらに

### 形だけでは「使役・指示」と「被害」の区別がつかない場合

「使役・指示」と「被害」についてもう少しだけ。**「使役・指示」と「被害」の区別**がつかない場合は、**どこを強く読むかで区別することがある**んだ。「使役・指示」の I had[got] my wall painted pink.「壁をピンクに塗ってもらった」は、had[got] を強く読む。「被害」なら I had[got] my wall painted pink.「壁をピンクに塗られちゃった」の painted（過去分詞）を強く読んで使役と区別をすることもある。ちなみに get と have では、ほとんど差はないけど強いて言えば、get の方が口語的。また、My son got his thumb caught in the front door.（息子は玄関のドアに親指を挟まれてしまった）のように「思いもよらぬ出来事で被害を受けた」場合に、get を使う傾向があるよ。

**"QUOTE"**

いままでに学習した構文が実際に使われていることを、著名人の発言やことわざで確認しよう！

> The greatest glory in living lies not in never falling, but in rising every time we fall.

(Nelson Mandela)
From his autobiography "Long Walk to Freedom"

訳と解説は次のページへ

> I mean, I, again, to see what, to see what I've lost makes me look at what I've gained, and what I have.

(Michael J. Fox)
"Inside the Actors Studio" interview

訳と解説は次のページへ

## "QUOTE"

> 生きるうえで最も偉大な栄光は、決して転ばないことにあるのではない。転ぶたびに起き上がり続けることにある。

（ネルソン・マンデラ）
自伝『Long Walk to Freedom』より

**使われている構文** not A but B ……▶ 参照 UNIT 23

**解説** 南アフリカ共和国の元大統領ネルソン・マンデラ (1918-2013) の言葉から。マンデラ氏は反アパルトヘイト（人種隔離政策）の指導者として若くから活躍、その活動を当時の政権に見とがめられ27年間収監されるも、釈放後南アフリカ初の黒人大統領に選ばれた偉大な人物。この言葉からはそんな彼の不屈の闘志が感じられるね。not A but Bの形で、人生においての栄光は、転ばないことにではなく (not in never falling)、起き上がること (but in rising) にある、と言っている。

> 繰り返しますが、自分が失ったものを見ることは、自分が得たものや、持っているものを見ることになるんです。

（マイケル・J・フォックス）
TV番組『Inside the Actors Studio』のインタビューより

**使われている構文** S make 人 動詞原形 ……▶ 参照 UNIT 24

**解説** 映画『バック・トゥ・ザ・フューチャー』シリーズでおなじみ、マイケル・J・フォックスの発言から。彼はパーキンソン病という重い病気を患っているが、それをポジティブに受けとめてこの病気をサポートするさまざまな活動をしている。この発言も彼が病気について語ったもの。自分の健康を失ったおかげでいろんなことに気付いた、という趣旨だね。To see what I've lost（失ったものを見ること）を無生物主語として、それがmakes me look at ...（自分に…を見させる＝…に気付かせてくれる）という構造になっているよ。

## UNIT 26 「…が〜するのを見る／聞く」

受験 5 4 **3** 2 1 0 1 2 3 4 5 日常

**日々の会話**

"I saw your boyfriend waiting at the gate."
"You mean Keita?"

「君の彼氏が門のところで待っているのを見たよ」
「ケイタのこと？」

### 文のホネグミ！

S see[hear]　人[物]　動詞原形[現在分詞]
（入替）　　（入替）　　（入替）

意味：Sは人[物]が動詞するのを見る[聞く]

### ワンポイント！

見たり、聞いたり、感じたりしたことについて話すときに使う、see、watch、hear、listen to、feel などの動詞を「**知覚動詞**」と呼ぶ。知覚動詞は、

I saw your boyfriend waiting at the gate.
S　V　　O　　　　　　C

のように**第５文型を作る**けど、補語（C）には**動詞の原形か分詞**が来る。ここでは、原形と現在分詞を使った場合でどんな違いがあるか説明するね。

① I saw Keita walk across the bridge.（ケイタが橋を渡りきるのを見た）
② I saw Keita walking across the bridge.（ケイタが橋を渡っているのを見た）

このように原形だと、「渡り始めてから渡り終わるまで一部始終を見た」ことになり、現在分詞だと「渡っている途中をちらっと見た」ことになるんだ。

## 日々の練習

- ☐ 日々1　赤シートなしでCDを聞きながら読む
- ☐ 日々2　赤シートを使い日本語を見て「穴埋め」
- ☐ 日々3　日本語を聞いて英語で言う
- ☐ GOAL!　アウトプット問題に挑戦！

CD 52

■**001.** 彼が授業中眠っているのを見た。

I saw **him sleeping in class**.

☐ in class：授業中に

■**002.** お風呂で兄が歌っているのを聞いた。

I heard **my brother singing in the bath**.

■**003.** 彼は気温が上がるのを感じた。

He felt **the temperature go up**.

**否定チェンジ！**

■**004.** 彼が何か言うのは聞かなかったよ。

I <u>didn't</u> hear **him say anything**.

**時制チェンジ！**

■**005.** 私たちは彼が何時間も話をするのを聞いていた。

We <u>were listening</u> to **him talk for hours**.

## UNIT 26

### 疑問チェンジ！

**006.** 谷を通って流れている川の音が聞こえる？

Can you hear the river running through the valley?

**007.** 車が向かって来ているのが見える？

Can you see the car coming along?
□ come along：やって来る

**008.** 公園で犬がほえているのを聞いた？

Did you hear a dog barking in the park?

### 会話に役立つ 応用チェンジ！

知覚動詞を「It's ... to 動詞の原形」の形にすることもできる。

**009.** 風が吹くのを感じるのは気持ちいいね。

It's nice to feel the wind blowing.

知覚動詞を動名詞の形にして表現の幅を広げてみよう。

**010.** 彼がギターを弾くのを聞くのが大好きなの。

I love listening to him play the guitar.

## アウトプット問題

彼は何をしているところだった？ I saw him ... を使って表現してみよう。

ヒント：ジョギングする＝ jog、汗をかく＝ sweat

▶ 解答例は P.158

## さらに

### 「知覚動詞＋人［物］＋過去分詞」

今回の構文の補語の部分には**現在分詞**だけではなく**過去分詞**も置くことができるんだ。さてこの２つの違いは何だろう。例えば、君は今、人でごった返している街を歩いていて、友達とはぐれてしまったとしよう。友達が君の名前を呼んでいるのが聞こえる…。この状況を次の２つの文で言い表せるんだ。① I heard my friend calling my name.（友達が僕の名前を呼んでいるのが聞こえた）② I heard my name called by my friend.（僕の名前が友達に呼ばれているのが聞こえた）注目したいのは下線部（O）と波線部（C）の関係。①は「**O が C している**」（進行形：友達が名前を呼んでいる）、②は「**O が C される**」（受け身：名前が呼ばれる）という関係がある。これが現在分詞と過去分詞の違いだよ。

## UNIT 27 「…しようとも〜」

受験 5 4 **3** 2 1 0 1 2 3 4 5 日常

CD 53　日々の会話

"**No matter what you wear**, you look great."
"Thank you."

「あなた、何を着ても似合うわね」
「ありがとう」

### 文のホネグミ！

**No matter** what[how/who/when/where] ..., SV

入替　　　入替

意味：何が・を［どんなに／誰が・を／いつ／どこで］…しようとも、SV

### ワンポイント！

「no matter ＋疑問詞」の形式で副詞節を導き、「…しようとも」という**「譲歩」の意味を表す**ことができるよ。英文法で言う「譲歩」とは、**「条件がどのようなものであっても関係なく、あることが起こること」**と理解しておこう。以下に、no matter の次に how、what、who、when が来たときのそれぞれの意味の違いを紹介するよ。No matter how hard I tried, I couldn't be a success.（どんなに一生懸命努力しても成功しなかった）、No matter what happens, keep going.（どんなことがあっても進み続けなきゃ）、No matter who wins, nothing changes.（誰が勝とうと、何も変わらない）、No matter when I visit her at her office, she is in the middle of a meeting.（私がいつ彼女のオフィスを訪ねても、彼女は会議中だ）

## 日々の練習

- ☐ 日々1　赤シートなしでCDを聞きながら読む
- ☐ 日々2　赤シートを使い日本語を見て「穴埋め」
- ☐ 日々3　日本語を聞いて英語で言う
- ☐ GOAL!　アウトプット問題に挑戦！

**CD 54**

**■001.** どんなに遠く離れたとしても、いつでも家に帰ってくるよ。

No matter **how far I go**, **I always return home**.

**■002.** どんなにがんばっても、まだ間違ってしまうんだよ。

No matter **how hard I try**, **I still make mistakes**.

**■003.** 君が誰であろうとも、歓迎するよ。

No matter **who you are**, **we welcome you**.

**■004.** 問題があったら、いつでも電話してね。

No matter **when you have a problem**, **you can always call me**.

### 時制チェンジ！

**■005.** 何が何でも、試合に勝つんだ！

No matter **what it takes**, **we <u>will</u> win the game**!

☐ it takes ... : …が必要となる

**■006.** いつ電話しても誰も出なかった。

No matter **when I <u>called</u>**, **there <u>was</u> no answer**.

UNIT 27

■007. 何があっても僕らはいつも友達だよ。

No matter what happens, we will always be friends.

**疑問チェンジ！**

■008. 私が何を言っても信じてくれる？

Will you believe me no matter what I say?

**会話に役立つ 応用チェンジ！**

相手がそう思うかどうかは Do you think ...? で尋ねることができる。

■009. どんなに時がたっても、人は変わらないでいると思う？

Do you think people stay the same no matter how much time passes?

「どんなに〜でも、…しよう」は Let's ... と no matter 〜を組み合わせよう。

■010. どこへ行っても、連絡を取り合おうね。

Let's keep in touch no matter where we go.
□ keep in touch：連絡を取り合う

> **アウトプット問題**

何としても行きたいコンサート。No matter 疑問詞 ..., SV を使って表現してみよう。

ヒント：コンサートに行く＝ go to the concert

➡ 解答例は P.159

> **さらに**

### however, whatever, whenever, whoever での言い換え

no matter how は however に、no matter what は whatever に、no matter who は whoever に、no matter when は whenever に言い換えることができるんだ。P.127 の「ワンポイント！」で紹介した例文はそれぞれ次のようになるよ。However hard I tried, I couldn't be a success.、Whatever happens, keep going.、Whoever wins, nothing changes.、Whenever I visit her at her office, she is in the middle of a meeting.。役割や意味は「no matter 疑問詞」と全く同じで、副詞節を導いて、「…しようとも」という「譲歩」の意味を表す。どちらかと言うと「no matter 疑問詞」を使った方が口語的だよ。この、however、whatever、whoever、whenever、wherever を「複合関係詞」と呼ぶよ。

## UNIT 28 「…せずにいられない」

受験 5 4 3 2 1 0 1 2 3 4 5 日常

CD 55

日々の会話

"I can't help yawning."
"You must be tired."

「あくびをせずにいられないんだ」
「きっと疲れているんだよ」

### 文のホネグミ！

**S can't help 動名詞**

入替　　　入替

意味：Sは動詞せずにはいられない

### ワンポイント！

help の基本的な意味は「…を助ける」だよね。でも、**この表現で使われる help は「…を避ける」という意味**なんだ。だから、can't help は「…を避けることができない」→「…せずにはいられない」という表現になったんだよ。ちなみにこの help は他動詞だから目的語が必要。そこで「あくびをする」という動詞 yawn に -ing を付けて、動名詞にしているんだね。can't help 動名詞は英語の歌詞にも時々登場する表現で、アメリカの有名なミュージシャン、エルビス・プレスリーも "I can't help falling in love with you."（好きにならずにいられない）って歌っているよ。興味があったら聞いてみて！

## 日々の練習

- ☐ 日々1　赤シートなしでCDを聞きながら読む
- ☐ 日々2　赤シートを使い日本語を見て「穴埋め」
- ☐ 日々3　日本語を聞いて英語で言う
- ☐ GOAL!　アウトプット問題に挑戦！

CD 56

■001. チョコレートが大好きで、食べずにはいられないの！

I can't help **eating chocolate** because I love it!

■002. 彼女の冗談には笑わずにはいられないよ。

I can't help **laughing at her jokes**.

■003. 授業でどうしても眠ってしまう。

I can't help **sleeping in class**.

**時制チェンジ！**

■004. その話を読んだときには泣かずにはいられなかった。

I couldn't help **crying when I read the story**.

■005. 彼はその秘密を僕らに言わずにはいられなかったんだ。

He couldn't help **telling us the secret**.

■006. 痛くて叫ばずにいられなかった。

I couldn't help **yelling in pain**.

☐ yell：怒鳴る、叫ぶ　　☐ in pain：痛くて

UNIT 28

■**007.** 彼がそう言ったとき、彼をじっと見ずにはいられなかった。

When he said that, I couldn't help looking at him.

**疑問チェンジ！**

■**008.** その音、出さずにはいられないの？

Can't you help making that noise?

**会話に役立つ 応用チェンジ！**

I wonder why ...（どうして…）を組み合わせると、自分ではどうしようもない気持ちにぴったり。

■**009.** どうして彼女のことを考えずにはいられないんだろう。

I wonder why I can't help thinking about her.

I don't know why, but ... も「なぜだか分からないんだけど…」という気持ちが伝わる。

■**010.** どうしてか、毎日この古い靴をはきたくなっちゃうんだ。

I don't know why, but I can't help wanting to wear these old shoes every day.

> **アウトプット問題**

暑くてたまらない日にはどんな気分になる？ I can't help -ing を使って表現してみよう。

ヒント：水を飲む＝ drink water、アイスを食べる＝ eat ice cream

➡ 解答例は P.159

> **さらに**

### 「can't help but ...」と「stop -ing」での言い換え

can't help -ing は、can't help but ... の形で言い換えることができる。I can't help yawning. は I can't help but <u>yawn</u>. に、I can't help falling in love with you. なら、I can't help but <u>fall</u> in love with you. となるんだよ。大事な点は、下線を引いたように、**but の後には「動詞の原形」**が続くということ。動名詞を使ったほかの表現には、**can't stop -ing**（…をやめることができない）っていうのもあるよ。例えば、I can't <u>stop</u> loving you.（君のことを愛さずにはいられない）なんていうのがあるけど、これは英語のラブソングでは定番の表現になっているよ。

# UNIT 29 「〜しながら…／〜なので…／〜して…」

受験 5 4 3 2 1 0 1 2 3 4 5 日常

CD 57

日々の会話

"I ate breakfast while doing my homework."
"Really? Did you actually taste your food?"

「宿題をやりながら朝食を食べたんだ」
「本当？　ちゃんと食べ物を味わったの？」

## 文のホネグミ！

…, 現在分詞が導く句

入替

意味：動詞しながら［なので／して］、…

## ワンポイント！

現在分詞を伴った句を使って、「…しながら」、「…したまま／している状態で」、「…なので」、「…して」などの意味をメインの文に追加することができる。これが「分詞構文」。現在分詞の前にはカンマ（,）を付けても付けなくてもOKだよ。分詞構文が表す意味はさまざまなので、文脈から判断しよう。上の会話では I ate breakfast に、(while) doing my homework を続けて「…しながら」という情報を付け加えているね。会話では、「…しながら」という意味を表すときは while を付けるのが普通だよ。ちなみに「…が〜した状態で」は、She sat on a bench with her legs crossed.（彼女は脚を組んでベンチに座った）のように with と過去分詞を使う。with の目的語と過去分詞の間には、her legs were crossed という受け身の関係があることに注目しよう。

## 日々の練習

- ☐ 日々1　赤シートなしでCDを聞きながら読む
- ☐ 日々2　赤シートを使い日本語を見て「穴埋め」
- ☐ 日々3　日本語を聞いて英語で言う
- ☐ GOAL!　アウトプット問題に挑戦！

**CD 58**

■001. 私は音楽を聞きながら眠る。

　　　I go to sleep **listening to music**.

**時制チェンジ！**

■002. 通りを歩いていると、リョウタに会った。

　　　**Walking along the street**, I met Ryota.

■003. 何もすることがなかったので、マミに電話した。

　　　**Having nothing to do**, I called Mami.

■004. 誕生日は家族とゲームをして過ごした。

　　　I spent my birthday **playing a game with my family**.

**否定チェンジ！**

■005. すぐ後ろにいるとは知らず、私たちは彼女のことを話し始めてしまった。

　　　**Not realizing she was right behind us**, we started talking about her.

**UNIT 29**

■ 006. そんなに興味がなかったので、彼女にそのことを尋ねなかった。

<u>Not really being interested</u>, I didn't ask her about it.

＊「be動詞＋形容詞」be interested を現在分詞にした形

**疑問チェンジ！**

■ 007. テレビを見ながら一日中家にいたの？

<u>Were you</u> at home all day <u>watching TV</u>?

**会話に役立つ 応用チェンジ！**

「歩きスマホ」も「＋ -ing」で表現できる。

■ 008. スマホを使いながら歩くのは危険です。

It is dangerous to walk while <u>using your smartphone</u>.

leave（…を〜のままにする）を分詞構文にして表してみよう。

■ 009. 家に鍵をかけずに出かけることにしたんだ。

I decided to go out, <u>leaving my house unlocked</u>.

今度は、with を使って過去分詞を組み合わせてみよう。

■ 010. 家に鍵をかけずにここにいるんだよ。

I'm here with <u>my house unlocked</u>.

> **アウトプット問題**

彼女は何をしながら、何をするのが好き？ She likes to ... (while) -ing で表現してみよう。

ヒント：お風呂に入る＝ take a bath、歌う＝ sing、音楽を聞く＝ listen to music、お茶を飲む＝ drink tea

➡ 解答例は P.160

> **さらに**

### 慣用的な分詞構文（独立分詞構文）

分詞構文は口語的ではないとされるけど、今回のような形で会話で使われることがあるので押さえておこう。次のような分詞構文を使った慣用表現も覚えておくと便利だよ。<u>Weather permitting</u>, we are going camping tomorrow.（天候が許せば、明日キャンプに行く）、<u>Judging from</u> his portrait, Takamori Saigo was a big guy.（肖像画<u>から判断すると</u>、西郷隆盛は大きな男だった）、<u>Generally speaking</u>, Japanese are shy.（<u>一般的に言って</u>、日本人は内気だ）、<u>Frankly[Strictly/Roughly] speaking</u>, I don't want to join that group.（率直に［厳密に／おおざっぱに］言うと、あのグループに加わりたくない）

# UNIT 30 「…したはずだ／したかもしれない」

受験 5 4 **3** 2 1 0 1 2 3 4 5 日常

日々の会話

"Is Takashi late?"

"Yeah, he should have been here by now."

「タカシは遅れてるの？」
「ええ、もうここにいていいはずなんだけど」

## 文のホネグミ！

**S should[may/must/could] have 過去分詞**

入替　　　　　　　　　　　　　　　入替

意味：Sが動詞したはずだ［したかもしれない／したに違いない／したかもしれない］

## ワンポイント！

「助動詞 have 過去分詞」を使うことで、**(1)「過去のことについての推量」**、**(2)「過去の行為についての後悔や非難」**を表せるんだ。上の会話は(2)に当たるね。(1)の「過去のことについての推量」にはいくつかパターンがある。①「…したかもしれない」You may[might] have registered the wrong email address.（アドレスを間違えて登録した可能性があります）②「…したはずがない」He can't[couldn't] have forgotten the promise.（彼が約束を忘れたはずがない）③「…だったかもしれない」I could have left my umbrella on the train.（電車に傘を置いてきたかもしれない）といった感じ。①の may は might と、②の can't は couldn't とそれぞれ入れ替え可能だけど、過去形の方が現実から離れるニュアンスがあって、確信の度合いがちょっと低くなるよ。

## 日々の練習

- ☐ 日々1　赤シートなしでCDを聞きながら読む
- ☐ 日々2　赤シートを使い日本語を見て「穴埋め」
- ☐ 日々3　日本語を聞いて英語で言う
- ☐ GOAL!　アウトプット問題に挑戦！

**001.** 宿題をやっておくべきだった。

I should have done my homework.

**002.** 彼女は最初からそれを知っていたに違いない。

She must have known it from the beginning.

**003.** それは彼にとって恐ろしい経験だったろう。

It may have been a horrible experience for him.

☐ horrible：恐ろしい

**004.** 昨日通りで見かけたのは鈴木先生だったに違いない。

It must have been Mr. Suzuki who I saw on the street yesterday.

### 否定チェンジ！

**005.** 恐竜が当時、生きていたはずがない。

Dinosaurs couldn't have been alive at that time.

☐ at that time：そのとき

UNIT 30

■006. クッキー1袋全部食べるんじゃなかった。

I shouldn't have eaten the whole bag of cookies.

□ the whole bag of ... : 1 袋丸々の…

**疑問チェンジ！**

■007. 彼女、私に怒っていたっていう可能性あるかな？

Could she have been angry at me?

■008. 東阪大を選ぶべきだったのかな？

Should I have chosen Tohan University?

**会話に役立つ 応用チェンジ！**

「…と知っている」は I know (that) ... で OK。

■009. 彼女には理由があったに違いないと、僕は分かっているよ。

I know she must have had a reason.

Do you think (that) ...?（…だと思う？）で相手の意見を聞こう。

■010. 私たち、それについてもっと話し合うべきだったと思う？

Do you think we should have talked more about it?

> **アウトプット問題**

彼女は何を食べたと思う？　She must have had ... で表現してみよう。

ヒント：チョコレートケーキ＝ chocolate cake、おしるこ＝ sweet bean soup、ジャムドーナッツ＝ donut with jam

▷ 解答例は P.160

> **さらに**

### 後悔や非難を表現する「should have 過去分詞」

ここでは、「過去の行為についての後悔や非難」の表現をもう少し詳しく見てみよう。「ワンポイント！」で紹介した「過去のことについての推量」と比較してみよう。 ①「…できたかもしれない（推量）」She **could** have left the same way.（彼女は同じように脱出することもできたかもしれない）②「…すべきだったのに（しなかった）」He **should** have taken an umbrella with him.（彼は傘を持っていくべきだった）。このように②の例は、過去において**しようとすればできたのに、実際にはしなかった**という意味合いが背景にあることが分かるね。だから「後悔」や「非難」につながるんだ。

# " QUOTE "

いままでに学習した構文が実際に使われていることを、著名人の発言やことわざで確認しよう！

---

❝ When I look down at this golden statue, may it remind me and every little child that no matter where you're from, your dreams are valid. ❞

(Lupita Nyong'o)
86th Academy Awards, 2014

訳と解説は次のページへ

---

❝ I think it's much more interesting to live not knowing than to have answers which might be wrong. ❞

(Richard Phillips Feynman)
BBC "Horizon", 1981

訳と解説は次のページへ

## "QUOTE"

> この黄金の像を見るとき、どこの出身であろうと、夢はかなえられるということを私に、そしてすべての子供たちに思い出させてくれますように。

（ルピタ・ニョンゴ）
第86回アカデミー助演女優賞受賞時スピーチより

**使われている構文** No matter where ..., SV　参照 → UNIT 27

**解説**　2013年の映画『それでも夜は開ける』（スティーブ・マックィーン監督、原題：12 YEARS A SLAVE）で、過酷な経験を強いられる黒人奴隷という難しい役を演じ、第86回アカデミー助演女優賞を受賞した女優ルピタ・ニョンゴのスピーチから。この映画の重いテーマを重ね合わせて、「夢をつかむものに出身なんて関係ない」という希望に満ちた発言を残したんだ。no matter where you're from で、「どこの出身でも」という意味。this golden statue（黄金の像）は「オスカー像」のこと。

---

> 間違っているかもしれない答えを持つより、答えを知らないで生きる方がずっと面白い。

（リチャード・P・ファインマン）
1981年BBCの番組『Horizon』でのインタビューより

**使われている構文** ..., 現在分詞が導く句　参照 → UNIT 29

**解説**　1965年に朝永振一郎博士、ジュリアン・シュウィンガー博士と共にノーベル物理学賞を受賞したアメリカの物理学者リチャード・ファインマン博士（1918-1988）。この一文は彼が1981年に受けたテレビインタビューから。何かを「分かった」気になるのではなく、「分からないまま」真理を探し続けることがいかに大事かをユーモアを交えながら語っている。「量子」の研究において偉大な成果を残す一方、破天荒な性格で知られるファインマン博士らしい豪快（？）な発言だ。live not knowing（［答えを］知らないで生きる）という箇所に現在分詞が使われているね。

## Appendix

# アウトプット問題解答例 & 全例文リスト

アウトプット問題解答例 ──── P.146
全例文リスト ──────── P.161

# UNIT 1 「…するのって〜だ」 (P.016)

[問題] こんなにたくさんの宿題が出たらどう思う？ It will be ... (for 人) to 〜で表現してみよう。

[使用構文]
It is 形容詞 (for 人) to 動詞原形

- It will be impossible (for me) to finish it by Friday!
  （金曜までに終わらせるなんて無理だよ！）
  for me は省略できる。

- It will be impossible (for me) to submit it by Friday!
  （金曜までに提出するなんて無理だよ！）
  動詞は submit（…を提出する）などでもよい。

- It will be hard (for me) to finish it by Friday!
  （金曜までに終わらせるなんて大変だよ！）

- It will be difficult (for me) to finish it by Friday!
  （金曜までに終わらせるなんて難しいよ！）
  形容詞 hard（大変な）、difficult（難しい）もＯＫ。

- It would be impossible (for me) to finish it by Friday.
  （金曜までに終わらせるなんて無理だろうな）
  助動詞 would を使うと、「…だろうな」というように、断定的でない言い方にできる。

# UNIT 2 「…って〜だ」 (P.020)

[問題] イラストの犬を見て、It is ... that 〜で感想を言ってみよう。

[使用構文]
It is 形容詞 that SV

- It is strange that the dog is wearing a tie.
  （犬がネクタイをしているなんて変だよ）
  身に着けた状態であることを表すには wear（…を身に着けている）を進行形で用いる。現在形は、日常的に身に着けていることを表す。

- It is interesting that the dog is wearing a tie.
  （犬がネクタイをしているなんて面白いな）

- It is funny[cool/nice] that the dog is wearing a tie.
  （犬がネクタイをしているなんて笑える[かっこいいね／すてきだね]）
  strange（変わっている）の代わりに interesting（面白い）、funny（おかしい）などでも自然。かっこいい(cool)、すてき(nice) など感想を自由に言ってみよう。

- I think it is strange that a dog wears a tie.
  （犬がネクタイをするのは変だと思う）
  I think ... を使うと自分の意見であることをはっきりさせることができる。

## UNIT 3 「…することは〜だと分かる」 (P.024)

**問題** これ以上食べられそうになかったら何と言う？ I find it ... to 〜を現在進行形にして答えてみよう。

**使用構文**
S find it 形容詞 to 動詞原形

- I'm finding it hard to eat it all.
  (それを全部食べるのは大変そう)
  I'm finding ... と現在進行形にすると「どうも〜らしい」というニュアンスになる。

- I'm finding it difficult to eat it all.
  (それを全部食べるのは難しそう)

- I'm finding it impossible to eat it all.
  (それを全部食べるのは無理そう)
  形容詞は difficult(難しい)、impossible(無理な)でもよい。

- I'm finding it hard to eat what I have, thanks.
  (今いただいているこれを全部食べるのは大変そうです、ありがとうございます)
  勧めを断るときには thanks(ありがとう)を付けると丁寧。

- I'm finding it great to have such a lot of food!
  (こんなにたくさん食べられるなんて、すごい！)
  たくさん食べられてうれしければ、形容詞を great(すごい)などにしてこのように言ってみよう。

## UNIT 4 「…するなんて…は〜だ」 (P.028)

**問題** ペンを貸してもらったら何と言う？ It is ... of you to 〜 で言ってみよう。

**使用構文**
It is 形容詞 of 人 to 動詞原形

- It is nice of you to let me use your pen.
  (ペンを使わせくれるなんて、君はいい人だね)

- It is kind of you to let me use your pen.
  (ペンを使わせくれるなんて、優しいね)
  It is kind of you to ... はよく使う表現なので覚えておこう。

- It is great of you to let me use your pen.
  (ペンを使わせくれるなんて、すてきだね)
  形容詞を great に変えても気持ちが伝わる。

- It is nice of you to lend me your pen.
  (ペンを貸してくれるなんて、いい人だね)
  動詞は lend(…を貸す)を使っても OK。

- It would be nice of you to let me use your pen.
  (ペンを貸してくれたらうれしいんだけど)
  ペンを貸してほしいと丁寧にお願いするときは、助動詞 would を用いて言ってみよう。

# UNIT 5 「〜するのは…だ」 (P.032)

- No, it is London that I'd like to visit.
  (いいえ。私が訪れてみたいのはロンドンです)
  I'd like to visit London. の下線部を強調した強調構文。

- No, it is New York[Sydney] that I'd like to visit.
  (いいえ、私が訪れてみたいのはニューヨーク[シドニー]です)
  ニューヨーク[シドニー]に行きたい場合は都市名を入れ替えよう。

- Yes, it is Paris that I'd like to visit.
  (ええ、訪れてみたいのはパリなんです)
  質問に肯定で答えて、ぜひともパリを訪れたいと返答する場合。

- It is London that I'd like to go to.
  (行ってみたいのはロンドンです)
  visit(…を訪れる)の代わりに go to(…へ行く)を使うこともできる。go to の to を忘れないようにしよう。

【問題】次のように聞かれたら何と言う? No/Yes, it is ... that I'd like to visit. で答えてみよう。

【使用構文】
It is 名詞 that 〜

---

# UNIT 6 「…と同じくらい〜だ」 (P.038)

- This pudding is as good as the cake.
  (このプリンはそのケーキと同じくらいおいしいね)
  「プリン」を主語にしてケーキと比べる場合。

- This manju[apple pie] is as good as the cake.
  (このまんじゅう[アップルパイ]は、そのケーキと同じくらいおいしいね)
  「まんじゅう」「アップルパイ」を主語にしても OK。

- This pudding is as sweet[nice/tasty] as the cake.
  (このプリンはそのケーキと同じくらい甘い[おいしい]ね)
  形容詞を変えて言ってみよう。

- This pudding tastes as good as the cake.
  (このプリンはそのケーキと同じくらいおいしいね)
  is の代わりに taste(味がする)を使っても OK。

- This pudding isn't as good as the cake.
  (このプリンはそのケーキほどおいしくはないね)
  否定形で「…ほど〜ではない」という表現もできる。

【問題】こんな質問をされたらどう答える? A is as ... as B で答えてみよう。

【使用構文】
SV as 形容詞[副詞] as A

## UNIT 7 「…と同じ」

(P.042)

問題 同じものを見つけて、the same（＋名詞）as ... を使って言ってみよう。

使用構文
SV the same（＋名詞）as A

- Mako's hat is the same as Karin's.
  （マコの帽子はカリンのと同じ）
- Mako's bracelet is the same as Karin's.
  （マコのブレスレットはカリンのと同じ）
  マコの帽子やブレスレットを主語にした場合。Mako's と Karin's は入れ替えられる。

- The color of Mako's hat is the same as Karin's.
  （マコの帽子の色はカリンのと同じ）
- The shape of Mako's bracelet is the same as Karin's.
  （マコのブレスレットの形はカリンのと同じ）
  color(色)や shape(形)が同じ、と言うこともできる。

- Mako is wearing the same hat as Karin.
  （マコはカリンと同じ帽子をかぶっている）
  マコを主語にして、「SV the same 名詞 as ...」を使った表現をするとこうなる。

## UNIT 8 「できるだけ…」

(P.046)

問題 待ってくれている友達に、何と返事をする？ as ... as possible を使って答えてみよう。

使用構文
SV as 副詞 as possible[S' can]

- I will come as soon as possible!
  （できるだけそっちに早く行くよ！）
  「会話の相手がいる場所に行く」場合、動詞は go ではなく come が自然。

- I'll be there as soon as possible!
  （できるだけ早くそこに行くよ！）
  I'll be there(そこに行くよ)という表現もよく使われる。

- I will run as fast as possible!
  （できるだけ速く走るよ！）
  動詞 run、副詞 fast を使って「速く走っていくよ！」と言うこともできる。

- I will come as soon as I can!
  （できるだけそっちに早く行くよ！）
- I will run as fast as I can!
  （できるだけ速く走るよ！）
  as ... as S' can の形で言い換えるとこんな文になる。

## UNIT 9 「…すればするほど～になる」 (P.050)

**問題** 次のような状況をどう表現する？ この女の子になったつもりで The 比較級 … , the 比較級 ～を使い、I を主語にして言ってみよう。

**使用構文**
The 比較級 S′ V′, the 比較級 SV

- The harder I exercise, the less I (will) weigh.
  (一生懸命運動すればするほど、体重が軽くなる<だろう>)
  この weigh は「重さがある」という意味の自動詞。未来の予想であれば後半に助動詞 will を使えば OK。

- The harder I run[swim], the less I weigh.
  (一生懸命走れば走るほど[泳げば泳ぐほど]、体重が軽くなる)
  動詞を exercise から run や swim に言い換えてみよう。

- The more I exercise, the less I weigh.
  (たくさん運動すればするほど、体重が軽くなる)
  much の比較級 more を使って「たくさん運動すればするほど」の文にしてみよう。

- The harder I exercise, the slimmer[leaner] I will be.
  (一生懸命運動すればするほど、やせるだろう)
  形容詞 slim/lean (やせている) を使った表現。

- The harder I exercise, the healthier I will be.
  (一生懸命運動すればするほど、健康になるだろう)
  「健康になる」と言いたいときは、形容詞 healthy を使えば OK。

## UNIT 10 「もし…だったら～するのに」 (P.054)

**問題** もしも南の島にいたとしたら何をするだろう？ If …, I would ～の仮定法で言ってみよう。

**使用構文**
If S′ V′ 過去形, S would 動詞 原形

- If I were on a tropical island, I would surf[go surfing].
  (南の島にいれば、サーフィンするのになあ)
  surf は「サーフィンする」という動詞。go surfing でもよい。

- If I were on a tropical island, I would swim in the sea.
  (南の島にいれば、海水浴するのになあ)
  「海水浴する」は swim in the sea (海で泳ぐ) で OK。

- If I were living on a tropical island, I would surf every day.
  (南の島に住んでいるなら、毎日サーフィンするのになあ)

- If I lived on a tropical island, I would swim in the sea.
  (南の島に住んでいれば、海水浴するのになあ)
  動詞 live で「南の島に住んでいれば」という文にもできる。

- If I were on a tropical island, I would sleep all day.
  (南の島にいれば、一日中寝てるのに)
  「一日中寝ている」は sleep all day。そのほかの過ごし方も考えてみよう。

## UNIT 11 「まるで…みたい」 (P.060)

問題 文化祭の劇で、まるでスターみたいな気分！ I feel as if ... で言ってみよう。

使用構文
SV as if S'V'過去形

- I feel as if I were a movie star.
  (まるで映画スターの気分だよ)
  現実は映画スターではないので仮定法過去で I were ... となる(口語では I was ... も可)。I am ... としないように注意。

- I feel as if I were a prince.
  (まるで王子様の気分だよ)
- I feel as if I were a princess.
  (まるでお姫様の気分だよ)
- I feel as if I were a hero[heroine].
  (まるでヒーロー[ヒロイン]の気分だよ)
  「王子様」「お姫様」「ヒーロー[ヒロイン]」など、いろいろと言い換えられる。ほかに actor(俳優)、actress(女優)などでも OK。

## UNIT 12 「…だったら〜するのに」 (P.064)

問題 もし自分だったら何を読むだろう？ I would ... を使って言ってみよう。

使用構文
S would 動詞原形

- I would read a comic book.
  (僕ならマンガを読むな)
  「もし自分だったら…」という仮定の意味が含まれるので would を使った表現になる。

- I would read a young-adult novel.
  (僕ならライトノベルを読むな)
- I would read a mystery.
  (僕ならミステリーを読むな)
- I would read a romantic story.
  (僕なら恋愛小説を読むな)
- I would read Osamu Dazai's novel.
  (僕なら太宰治の小説を読むな)
  ほかにも biography(伝記)、best-selling book(ベストセラー本)など、自分の好きなジャンルや著者名で言い換えてみよう。

- I wouldn't read a difficult book.
  (僕なら難しい本は読まないな)
  I wouldn't ... と否定形の文も考えてみよう。

## UNIT 13 「もし…がなかったら/あったら」 (P.068)

- With green onion, the udon noodles would taste good.
  (ねぎがあれば、うどんはおいしくなるだろうな)
  With ... で「もし…があったら」という仮定の意味になるので、助動詞 would を用いる。

- With ginger[egg], the udon noodles would taste good.
  (しょうが[卵]があれば、うどんはおいしくなるだろうな)
  green onion(ねぎ)を ginger(しょうが)や egg(卵)に置き換えてみよう。

- With green onion, the udon noodles would be perfect.
  (ねぎがあれば、うどんはばっちりだろうな)
  形容詞 perfect(完全な、申し分のない)を使っても表現できる。

- With green onion, the udon noodles would taste better.
  (ねぎがあれば、うどんはもっとおいしくなるだろうな)
  比較級を使えば、「…があればもっとおいしい」という言い方ができる。

**問題** どんな具があったらおいしくなるかな? With ... , S would ~で言ってみよう。

**使用構文**
With A, S would 動詞原形

---

## UNIT 14 「…だったらいいのになあ」 (P.072)

- I wish I had a motorbike.
  (オートバイがあったらいいのに)
  I wish I had ... は、実際は持っていないものについて「あったらいいなあ」という願望を表す表現。「オートバイ」は和製英語で、英語では motorbike。

- I wish I had a tablet PC[boyfriend/girlfriend].
  (タブレット PC があったら[彼氏/彼女がいたら]いいのに)
  自分が欲しいもので言い換えてみよう。

- I wish I could ride my motorbike.
  (自分のバイクに乗れればいいのに)

- I wish I could play games on my tablet PC.
  (自分のタブレット PC でゲームできたらいいのに)

- I wish I could go to an amusement park with my boyfriend.
  (彼氏と遊園地に行けたらいいのに)
  応用として、can の過去形 could を使って欲しいものが手に入ったらどうしたいのか言ってみよう。

**問題** 自分が欲しいものを選んで、I wish I ... で表現してみよう。

**使用構文**
I wish SV 過去形

## UNIT 15 「…するよりは〜したいよ」 (P.076)

- I would rather go camping than go to the beach.
  (海に行くよりは、キャンプに行くほうがいい)
- I would rather go to the beach than go camping.
  (キャンプに行くよりは、海に行くほうがいい)
  どちらの動詞も原形になることに注意。「海水浴」は swim in the sea と言うこともできる。

- I would rather not go to the beach.
  (どちらかと言えば海に行きたくない)
- I would rather not go camping.
  (どちらかと言えばキャンプに行きたくない)
  逆に、気が進まないことを控えめに言いたいときは、would rather … の否定形で表せる。not の位置に気をつけよう。

**問題** どちらの方に行きたい？ I would rather … than 〜 で表現してみよう。

**使用構文**
S would rather 動詞原形1 than 動詞原形2

---

## UNIT 16 「とても…だから、〜だ」 (P.082)

- There are so many steps that I can't climb them.
  (階段が高過ぎて上れない)
  a step は「階段の１段」のことなので「階段」は複数形の steps になる。「高い階段」は many steps（多くの階段）で表せる。stair(s) は主に屋内の階段を表す。

- There are so many steps that I don't want to climb them.
  (階段が高過ぎて上りたくない)
  「（その階段を）上りたくない」は I don't want to climb them. となる。

- There are so many steps that I would get tired if I climbed them.
  (階段が高過ぎて、上ったら疲れるだろうな)
  後半を I would … にすると「上ったら…だろうな」という意味にすることができる。

- The steps are so steep that I can't climb them.
  (階段が急過ぎて上れない)
  「急な階段」と言いたければ、形容詞 steep（角度が急な、険しい）を使おう。

**問題** こんな階段を見たら何と言いたくなる？ so … that I 〜で表現してみよう。

**使用構文**
SV so 形容詞（＋名詞）that S' V'

## UNIT 17 「…できるように〜」 (P.086)

**問題** 勉強して将来なりたいものは何？ I will study hard so that ... を使って表現してみよう。

**使用構文**
SV so that S' can 動詞原形

- I will study hard so that I can be a doctor.
  (医者になれるよう一生懸命勉強します)
- I will study hard so that I can be a lawyer.
  (弁護士になれるよう一生懸命勉強します)
- I will study hard so that I can be a teacher.
  (教師になれるよう一生懸命勉強します)
  so that ... の後は目的を表す節なので、I can be 〜で将来の夢を表せばよい。
- I will study hard so that I can be a nurse.
  (看護師になれるよう、一生懸命勉強します)
- I will practice hard so that I can be a soccer player.
  (サッカー選手になれるよう、一生懸命練習します)
- I will work hard so that I can start my own company.
  (自分の会社を持てるよう、一生懸命努力します)
  イラストにある職業のほかにも、自分のなりたいものを考えて、そのために何をするのか言ってみよう。

## UNIT 18 「…過ぎて〜できない」 (P.090)

**問題** へとへとに疲れてしまった。I am too ... to 〜で表現してみよう。

**使用構文**
S is too 形容詞（for 人）to 動詞原形

- I am too tired to swim.
  (あまりに疲れていて泳げない)
- I am too tired to run.
  (あまりに疲れていて走れない)
- I am too exhausted to swim.
  (あまりに疲れていて泳げない)
  形容詞 exhausted（疲れてへとへとになった）を使うと、tired よりもさらに疲れきった状態を表せる。
- I am too tired to keep up.
  (疲れ過ぎて起きていることができない)
- I am too tired to do my homework.
  (疲れ過ぎて宿題ができない)
- I am too tired to say a word.
  (疲れ過ぎて一言も話せない)
  とても疲れているとできないことは何か、ほかにも考えて応用してみよう。

## UNIT 19 「…するために」 (P.094)

**問題** 何をするために図書館にいるのかな？ We are here in order to ... で言ってみよう。

**使用構文**
SV in order to 動詞原形

- We are here in order to do our homework.
  (僕たちは宿題をするためにここにいるんだよ)
- We are here in order to prepare for the exam.
  (僕たちは試験勉強をするためにここにいるんだよ)
  in order to ... は少々堅苦しい表現だけど、明確な目的意識を持っている場合にぴったりな表現。ほかにも図書館にいる目的を考えて言ってみよう。

- We are here in order to do research.
  (調べ物をするためにここにいるんだよ)
  この research は名詞で「研究、調査」という意味。

- We are here in order to write a paper.
  (レポートを書くためにここにいるんだよ)
  「レポート」は paper でも report でも OK。

## UNIT 20 「…するのに十分〜」 (P.098)

**問題** こんな状況では何と言う？ He is ... enough to 〜で表現してみよう。

**使用構文**
形容詞 enough to 動詞原形

- He is tall enough to see Mount Fuji through the window.
  (彼は窓から富士山を見るのに十分なくらい背が高い)
- He is tall enough to see the sun through the window.
  (彼は窓から太陽を見るのに十分なくらい背が高い)
  「窓から(窓越しに)」見るときは、through the window または out of the window を使う。from the window とは言わないので注意。

- I am not tall enough to see Mount Fuji through the window.
  (私は窓から富士山を見られるほど背が高くはない)
- I am not tall enough to see the sun through the window.
  (私は窓から太陽を見られるほど背が高くはない)
  同じイラストで、女の子が自分を主語にして言ってみると、このようになる。

## UNIT 21 「…が〜するのを手伝う」 (P.104)

問題 君だったら何と言う？ Can you help me ... ? を使って言ってみよう。

使用構文
S help 人 (to) 動詞原形

- Can you help me carry these books?
  （この本を運ぶの手伝ってくれない？）
  Can you ... ? は人に依頼するときのカジュアルな言い方。友達同士だったら、Please ... よりもこの Can you ... ? のほうが自然。

- Can you help me carry[take] these books to the library?
  （この本を図書室に運ぶの手伝ってくれない？）
  「…に」と場所を示す表現を追加してみよう。「図書館に」は to the library。

- Can you help me carry this PC to the teachers' room?
  （パソコンを職員室に運ぶの手伝ってくれない？）
- Can you help me carry this soccer goal to the field?
  （サッカーゴールをグラウンドに運ぶの手伝ってくれない？）
  本以外にも、運ぶのが大変なものに応用してみよう。

## UNIT 22 「…と〜の両方／どちらか／どちらもない」 (P.108)

問題 自分のものはどれ？ Both ... and 〜 are mine. を使って答えてみよう。

使用構文
both A and B

- Both the bag and the wallet are mine.
  （カバンも財布も私のです）
  ここでは、カバンと財布は独立した別々のものなので wallet の前の the を忘れないようにしよう。both A and B が主語のときは、be 動詞は is ではなく are になる。

- Both the bag and the shoes are mine.
  （カバンも靴も私のです）
- Both the wallet and the shoes are mine.
  （財布も靴も私のです）
  主語をいろいろな組み合わせにして言ってみよう。

- Either the bag or the shoes are mine.
  （カバンか靴のどちらかが私のです）
  応用として either A or B（A か B のどちらか）でも練習してみよう。either A or B が主語のときは動詞は B に合わせる。この場合は the shoes で複数形なので are で OK。

## UNIT 23 「…じゃなくて〜」 (P.112)

問題 1番になるのは誰だろう？ It won't be ... but 〜 who will come first. で表現してみよう。

使用構文
not A but B

- It won't be Kota but Daichi who will come first.
  （1番になるのはコウタじゃなくてダイチだな）
  not A but B は、B に焦点を当てた表現。この文は UNIT 5 で練習した強調構文を未来時制にした文。ここでは It is ... の「...」に「人」が入るので who になっている。

- It won't be Tom but Kota who will come second.
  （2番になるのはトムじゃなくてコウタだな）
- It won't be Kota but Tom who will come third.
  （3番になるのはコウタじゃなくてトムだな）
  名前や着順をいろいろ入れ替えて言ってみよう。come first[second/third] の言い方も覚えよう。

- Not Kota but Daichi will come first.
  （コウタじゃなくてダイチが1番になるな）
  1番上の例文を、強調構文ではない普通の文に戻すとこのようになる。

## UNIT 24 「…に〜させる」 (P.116)

問題 よい気分にしてくれるのはどんなこと？ ... makes me feel good. を使って表現してみよう。

使用構文
S make 人 動詞原形

- This music makes me feel good.
  （この音楽は私を気分よくさせてくれる）
- This foot bath makes me feel good.
  （この足湯は私を気分よくさせてくれる）
- That painting makes me feel good.
  （あの絵画は私を気分よくさせてくれる）
  主語をイラストの中のいろいろなものに入れ替えて言ってみよう。

- The smell of bread makes me feel happy.
  （パンの匂いは私を幸せな気分にしてくれる）
  自分が幸せな気分になれるものを主語にして言ってみよう。

- The foot bath makes me feel hungry.
  （足湯をすると私はおなかがすく）
- That music made me feel sad.
  （その音楽を聞いて私は悲しい気分になった）
  hungry/happy/sad/lonely（空腹な／幸せな／悲しい／寂しい）など、feel の補語も入れ替えてみよう。

## UNIT 25 「…を〜してもらう／〜される」 (P.120)

**問題** 手入れが必要なものがいろいろある！ I should have my ... 過去分詞を使って表現してみよう。

**使用構文**
S have 物 過去分詞

- I should have my window repaired.
  （僕は窓を修理してもらわないと）
- I should have my clock repaired.
  （僕は時計を修理してもらわないと）
  この have は使役の意味で、人に修理してもらうことになる。
- I should have my clock fixed.
  （僕は時計を修理してもらわないと）
  「…を修理する」は fix や mend でも OK。
- I should have my hair cut.
  （僕は髪を切らないと）
  イラストの髪型に注目して「髪を切らないと」と言うこともできる。
- I had my window broken.
  「誰かに窓を壊された」という「被害」も、have を使って表現することができる。

## UNIT 26 「…が〜するのを見る／聞く」 (P.126)

**問題** 彼は何をしているところだった？ I saw him ... を使って表現してみよう。

**使用構文**
S see 人 動詞原形[現在分詞]

- I saw him running.
  （私は彼が走っているのを見た）
- I saw him jogging.
  （私は彼がジョギングしているのを見た）
  「走っている」は run の現在分詞 running で表せる。「ジョギングしている、ゆっくり走っている」なら動詞 jog の現在分詞 jogging にする。
- I saw him sweating.
  （彼が汗をかいているのを見た）
  「汗をかく」は動詞 sweat。汗をかく「一部始終」は見ることができないので原形でなく現在分詞 sweating。
- I can see him sleeping.
  （彼が居眠りしているのが見える）
- I can see her drawing.
  （彼女が絵を描いているのが見える）
- I can see her standing by the window.
  （彼女が窓際に立っているのが見える）
  クラスにいる友達の様子を I can see him/her ... で表して、アウトプットの練習をしてみよう。

158

## UNIT 27 「…しようとも〜」 (P.130)

- No matter what happens, I will go to the concert.
  (何が起ころうとも、コンサートに行くんだ)
- No matter what happens, I'll go and see the concert.
  (何が起ころうとも、コンサートを見に行くんだ)
  コンサートは「行く(go to the concert)」も「見る(see the concert)」も可。

- No matter what happens, I won't miss the concert.
  (何が起ころうとも、コンサートを見逃しはしない)
  won't は will not の省略形。動詞 miss は「…をし損なう、乗り損なう、食べ損なう」という意味。

- No matter how stormy it is, I'll go to the concert.
  (どんなに嵐でも、コンサートに行くんだ)
- No matter how hard it rains, I'll go to the concert.
  (どんなにひどく雨が降っても、コンサートに行くんだ)
  このように No matter how … を使っても表すことができる。

**問題** 何としても行きたいコンサート。No matter 疑問詞 … , SV を使って表現してみよう。

**使用構文**
No matter what[how] … , SV

## UNIT 28 「…せずにいられない」 (P.134)

- I can't help drinking water.
  (水を飲まずにはいられない)
- I can't help eating ice cream.
  (アイスクリームを食べずにはいられない)
  cannot と can't はどちらでも OK。

- I can't help wanting to drink water.
  (水を飲みたいと思わずにいられない)
  want to …(…したい)も動名詞にできる。

- I can't help sweating on such a hot day.
  (こんな暑い日は汗が止まらない)
  「こんなに暑い日には」は on such a hot day。「夏には」なら in summer。

- I can't help taking a cold shower on such a hot day.
  (こんな暑い日は、冷たいシャワーを浴びずにはいられない)
  動詞の部分をほかの動詞に変えて、応用して言ってみよう。

**問題** 暑くてたまらない日にはどんな気分になる？ I can't help -ing を使って表現してみよう。

**使用構文**
S can't help 動名詞

## UNIT 29 「〜しながら…／〜なので…／〜して…」(P.138)

**問題** 彼女は何をしながら、何をするのが好き？ She likes to ... (while) -ing で表現してみよう。

**使用構文**
... , 現在分詞が導く句

- She likes to sing while taking a bath.
  (彼女はお風呂に入りながら歌うのが好きだ)
- She likes to drink tea while listening to music.
  (彼女は音楽を聞きながらお茶を飲むのが好きだ)
  より長い時間に及ぶ動作の方を (while) -ing の形で表すのが自然。

- She likes to sing, taking a bath.
  (彼女はお風呂に入りながら歌うのが好きだ)
- She likes to drink tea, listening to music.
  (彼女は音楽を聞きながらお茶を飲むのが好きだ)
  会話では while を付ける方が一般的だが、カンマ(,)を付けて while がない分詞構文も OK。

- She likes to have tea while taking a bath.
  (彼女はお風呂に入りながらお茶を飲むのが好きだ)
  「お茶を飲む」は have を使って have tea でもよい。

- I eat potato chips while watching TV.
- I eat potato chips, watching TV.
  (私はテレビを見ながらポテトチップを食べる)
  イラストに出ている動作以外にも、いろいろな動作について「…しながら〜する」と言ってみよう。

## UNIT 30 「…したはずだ／したかもしれない」(P.142)

**問題** 彼女は何を食べたと思う？ She must have had ... で表現してみよう。

**使用構文**
S must have 過去分詞

- She must have had some chocolate cake.
  (彼女はチョコレートケーキを食べたに違いない)
- She must have had some sweet bean soup.
  (彼女はおしるこを食べたに違いない)
- She must have had a donut with jam.
  (彼女はジャムドーナツを食べたに違いない)
  この had は「…を食べる」という意味で使われる動詞 have の過去分詞。eat の過去分詞 eaten にしても可。

- She might have had some chocolate cake.
  (彼女はチョコレートケーキを食べたかもしれない)
  助動詞を変えるとニュアンスが全く変わる。この文は might なので「…したのかもしれない」ということになる。

- She must have played soccer in the rain.
  (彼女は雨の中、サッカーをしたに違いない)
- She must have read my diary.
  (彼女は私の日記を読んだに違いない)
  「must have ＋過去分詞」は、過去のことについて何か確信の根拠があるときにぴったりな表現。ほかの動詞で応用練習してみよう。

# 全例文リスト

「日々の練習」に掲載した300例文のリストです。例文は赤シートで隠せるようになっているので日本語→英語に直す練習に活用しましょう。

## UNIT 1

001 テストまでにこれを全部覚えるなんて、私には無理だよ。
It is impossible for me to remember all of this by the exam.
002 ケイスケといると楽しいな。あいつ、いいやつだ。
It is fun to be with Keisuke. He's nice.
003 宇宙の起源について学ぶのって、面白いな。
It is interesting to learn about the origin of the universe.
004 言い訳を探すのは難しいよ。
It is not easy to find an excuse.
005 子犬のクロに別れを告げるのは悲しかったわ。
It was sad for me to say goodbye to my puppy, Kuro.
006 君のことがもっとよく分かってよかったよ。
It was good to find out more about you.
007 学校に携帯電話を持って来てもいいんですか?
Is it OK to bring a cellphone to school?
008 正答を出すのは難しかった?
Was it difficult to find the correct answer?
009 それ、高橋先生に言った方がいいんじゃない。
It would be better to tell Mr. Takahashi about it.
010 そのバケツはちゃんとしまうといいんだけれど。
It would be nice to put the bucket in the right place.

## UNIT 2

001 うちの野球部、地区大会で優勝したんだって、すごいな!
It is amazing that our baseball team won the district tournament!
002 彼女、電車でおばあさんに席を譲ってあげたなんて偉いな。
It is great that she offered her seat to an old woman in the train.
003 コウタがマキに何かひどいことを言ったのは明らかだよ。
It is clear that Kota said something terrible to Maki.
004 いつも私がみんなにプリントを配らないといけないのは、不公平だよ。
It is not fair that I always have to give handouts to everyone.
005 カズキがそのテストで満点を取ったなんて驚きだった。
It was surprising that Kazuki got full marks on the test.
006 お父さんが日曜日に仕事しないといけないなんて、珍しかった。
It was unusual that my father had to work on Sunday.
007 コウタがマミを好きだって本当?
Is it true that Kota likes Mami?
008 僕、お昼休みの前におなかがすくんだけど、普通かな?
Is it normal that I get hungry before lunch break?
009 春眠いのは自然なことだと思うよ。
I think it is natural that people feel sleepy in the spring.
010 もうすぐ大きな発表が行われる可能性があるって聞いたよ。
I heard it is possible that a big announcement will be made.

## UNIT 3

001 毎朝8時に家を出る必要があると、彼は気付いている。
He finds it necessary to leave home at 8 o'clock every morning.

002 熱いお風呂に入った後は眠りやすいと知っている。
I find it easy to go to sleep after a hot bath.

003 予備の電池を持っておくと便利だと分かった。
We found it useful to have an extra battery.

004 コウタもうちの部に入ったなんて信じられなかった！
I found it hard to believe that Kota joined our club too!

005 その電車に間に合うのは無理だって分かった。
I found it impossible to make it to the train.

006 物理のテストで高得点を取るのは大変だって、彼女分かるだろうね。
She will find it hard to get a high score on the physics test.

007 彼は今日、傘を持って行く必要があるとは思わなかった。
He didn't find it necessary to take an umbrella today.

008 そのソファに座るのは気持ちいいって分かった？
Did you find it comfortable to sit on the sofa?

009 携帯を持つと便利だって、彼も分かるだろう。
He would find it convenient to have a cellphone.

010 僕の汚れた服を全部洗うのは大変だって、お母さん気付くかもしれないな。
My mother might find it tough to wash all my dirty clothes.

## UNIT 4

001 誕生日プレゼントをくれるなんて、モエって優しいな。
It is kind of Moe to give me a birthday present.

002 君を責めるなんて、彼ら間違っているよ。
It is wrong of them to blame you.

003 私をこんなふうにここに置いていくなんて、彼、意地悪だわ。
It is mean of him to leave me here like this.

004 あのことを覚えてるなんて、頭いいね！
It is smart of you to remember that!

005 そんなこと言うなんて感じ悪いよ。
It isn't nice of you to say that.

006 彼、あの数学の問題の答えが分かったなんて賢かったな。
It was clever of him to find the answer to the math problem.

007 本当のことを言うなんて、勇気があったね。
It was brave of you to tell the truth.

008 私たち、彼を信じたのはうかつだったかな？
Was it careless of us to trust him?

009 君のパソコン使わせてもらえたらいいんだけどな。
It would be nice of you to let me use your PC.

010 僕のブログ読んで、コメントを残してくれたらとてもうれしいんだけど。
It would be so nice of you to read my blog and leave a comment.

## UNIT 5

001 委員会の名簿に君の名前を載せたのはケイコだよ。
It is Keiko that put your name on the committee list.
002 コウタが受かったのは東阪大学の入試だよ。
It is Tohan University's entrance exam that Kota has passed.
003 君の助けが必要なのは、僕じゃないよ。
It is not me that needs your help.
004 ハナが鍵をなくしたの、パソコンルームだったよ。
It was in the PC room that Hana lost the key.
005 コウジと初めて会ったのはこのカラオケ屋だったわ。
It was in this karaoke shop that I first met Koji.
006 ごみ箱の中から見つかったのは、ユウタのテスト用紙だった。
It was Yuta's exam paper that was found in the trash box.
007 僕にメッセージをくれたの、君なの?
Is it you that sent me a message?
008 君が探していたのって、この本?
Is it this book that you have been looking for?
009 マイがチョコあげたのケンだったんだって。
I heard it was Ken that Mai gave the chocolate to.
010 私たちの新しい担任になるの、高橋先生だと思うな。
I think it is Mr. Takahashi that is going to be our new homeroom teacher.

## UNIT 6

001 レイナはプロと同じくらい歌がうまいんだよ。
Reina sings as well as a pro.
002 この桜の木は僕らの学校と同じくらい古いんだ。
This cherry tree is as old as our school.
003 このチキンはKKマートのほどおいしくはないな。
This chicken is not as good as KK Mart's.
004 エミの英語スピーチはナナのと同じくらいよかった。
Emi's English speech was as good as Nana's.
005 ケンタはユナと同じくらいすぐにテストを終えた。
Kenta finished the exam as quickly as Yuna.
006 英語の期末試験、前回と同じくらい難しいだろう。
The final English exam will be as difficult as the last one.
007 東阪大学の入試問題、思ってたよりやさしくなかった。
Tohan University's entrance exam was not as easy as I'd thought.
008 田中先生って、校長先生と同じくらい厳しい?
Is Ms. Tanaka as strict as the principal?
009 マコって佐藤先生と同じくらい背が高い?
Is Mako as tall as Mr. Sato?
010 このパソコンは最新型のものと同じくらい速いはずだ。
This PC should be as fast as the latest one.

## UNIT 7

001 体育館掃除って、運動と同じ。とても大変だよ。
Cleaning the gym is the same as exercise. It's so hard.
002 あら、あなたの筆箱、私のと同じ！
Hey, your pen case is the same as mine!
003 カレと同じ大学に行きたいの。
I want to go to the same university as my boyfriend.
004 私の考えてることは、お母さんとは違うのよ。
My ideas are not the same as Mom's.
005 先週と同じカラオケ屋には行きたくない。
I don't want to go to the same karaoke shop as last week.
006 お父さんのくれた誕生日プレゼント、お母さんが去年くれたのと同じだった。
Dad gave me the same birthday present as Mom gave me last year.
007 このケーキのカロリーって、ごはん1杯分なの？
Does this cake have the same calories as a bowl of rice?
008 オーストラリア人の話し方ってアメリカ人と同じじゃないの？
Is the way Australians speak not the same as Americans?
009 新学期も前と変わらないよ。
The new term would be the same as before.
010 タカギのところの車、うちのと同じかもしれない。
Takagi's car might be the same as ours.

## UNIT 8

001 今日はできるだけ勉強しないといけないね。
We must study as much as possible today.
002 できるだけさっさと掃除を終わらせよう。
Let's finish the cleaning as quickly as possible.
003 できるだけ早く英語をもっと上手に話せるようになりたいのよ。
I want to speak English better as soon as possible.
004 できるだけ節約したいんだ。
I want to spend as little as possible.
005 明日はできるだけ早く起きないと。
Tomorrow, I will have to get up as early as possible.
006 ナナはできるだけ君を助けようとしたんだよ。
Nana tried to help you as much as she could.
007 できるだけ私の近くに座ってもらえない？
Can you sit as close as possible to me?
008 彼女はできるだけすぐに来るって言ってたよ。
She said she would come as soon as possible.
009 お休みに備えてできるだけ多くのお金をためておくべきだよ。
You should save as much money as possible for your holiday.
010 できるだけ多くの生徒が、文化祭に来てくれるといいんだけど。
We hope as many students as possible will come to the school festival.

## UNIT 9

001 それについて考えれば考えるほど、混乱する。
The more I think about it, the more I'm confused.
002 自分を出せば出すほど、人に分かってもらえるよ。
The more you express yourself, the better they understand you.
003 聞くのがうまくなればなるほど、話すのが上手になるよ。
The better you listen, the better you speak.
004 長く歩けば歩くほど、おなかがすく。
The longer I walk, the hungrier I am.
005 考えれば考えるほど眠れなくなる。
The more I think, the less I can sleep.
006 友達の家に長くいればいるほど、去りがたくなる。
The longer I stay at a friend's house, the more I don't want to leave.
007 たくさんの単語を覚えれば覚えるほど、調べるのは少なくて済むようになるよ。
The more words you memorize, the fewer you will have to look up.
008 彼女は見れば見るほどきれいに見えたんだ。
The more I saw her, the more beautiful she looked.
009 お金はあればあるほど不幸になるって言うじゃない。
They say the more money you have, the less happy you are.
010 勉強すればするほど、成績はよくなるはずだ。
The harder I study, the better my grades should be.

## UNIT 10

001 晴れていれば、テニスの練習に行けるのに。
If it were sunny, I could go to tennis practice.
002 このコートが1万円以下なら、お父さんが買ってくれるのに。
If the coat were less than 10,000 yen, Dad would buy it for me.
003 彼が悪い人なら、私、付き合ってないよ。
If he were a bad person, I wouldn't be dating him.
004 お守りが必要じゃないなら、大事に持ってたりしないわよ。
If I didn't need my lucky charm, I wouldn't keep it with me.
005 計算を間違えなかったら、もっといい点だったのに。
If I hadn't made a mistake with my calculations, my score would have been better.
006 ケイタが来ていれば、もっと楽しかっただろうね。
If Keita had come, it would have been more fun.
007 ハワイに住んでいれば、毎日ビーチに行けるかな？
If I were living in Hawaii, could I go to the beach every day?
008 お母さんがここにいれば、何て言うかな？
If Mom were here, what would she say?
009 彼女が僕のことを好きなら、態度が違うと思うよ。
If she liked me, I think she would act differently.
010 2キロやせてたら、絶対このズボンがはけるんだけど！
If I weighed two kilos less, I could definitely wear these pants!

## UNIT 11

001 彼ら、まるで双子みたいに見えたよね。
They looked as if they were twins.

002 彼女はまるで僕より年上であるかのように話した。
She talked to me as if she were older than I.

003 世界は自分のものじゃないかっていう気分だった。
I felt as if the world were mine.

004 まるで夢でも見ているかのようだったよ。
It was as if I were dreaming.

005 お母さんと高橋先生ってば、私がそこにいないかのように話してたんだよ。
Mom and Mr. Takahashi were talking as if I weren't there.

006 彼、まるで幽霊でも見たかのような顔してたよ。
He looked as if he had seen a ghost.

007 タイチはまったく眠っていなかったかのように疲れて見えた。
Taichi looked tired as if he hadn't slept at all.

008 彼、まるであなたが手品でもしたかのように、あなたのことを見てたわよ。
He looked at you as if you had performed a magic trick.

009 まるでみんなに見られているみたいだった?
Did you feel as if everyone were looking at you?

010 彼、風邪をひいているみたいに咳をしているよ。
He is coughing as if he has a cold.

## UNIT 12

001 ユウタならもっといいキャプテンになれるのに。
Yuta could be a better captain.

002 状況が違えば、君と一緒にテニス部に入るけどね。
In a different situation, I would join the tennis club with you.

003 グレーのジャケット? あなたにはピンク方の方が似合うのに。
Gray jacket? Pink would suit you better.

004 本当の友達なら約束を破らないだろ。
A real friend would not break a promise.

005 20年前なら僕らそんなにたくさん情報を手に入れられなかっただろうね。
Twenty years ago, we couldn't have got so much information.

006 よかった! お父さんがいいって。お母さんなら行かせてくれないわ。
All right! Dad said yes. Mom wouldn't let me go.

007 君の立場なら僕は彼に何て言うだろう。
What would I say to him in your place?

008 君だったらもっとうまくやれてたと思う?
Do you think you could have done it better?

009 お母さんがほかの人と結婚してたかもしれないなんて、あり得る?
Is it possible that Mom might have married someone else?

010 私がネコにエサをあげたの、でなければ彼女(=ネコ)おなかがペコペコになっていたでしょうね。
I gave some food to the cat, otherwise she would have been starving.

## UNIT 13

001 音楽なしじゃ、僕の生活は無に等しいだろう。
Without music, my life would be nothing.
002 もう少しお金があれば、このゲームソフト買えるのに。
With a little more money, I could buy this video game software.
003 辞書がなかったならこの本は読めないよ。
Without a dictionary, I couldn't read this book.
004 もっと時間があれば、学校まで走らないよ。
With more time, I wouldn't need to run to school.
005 目覚ましなしだったら寝過ごしていただろう。
Without the alarm clock, I would have overslept.
006 薬がなかったら、咳が止まらなかっただろう。
Without the medicine, my cough wouldn't have stopped.
007 もう少しがんばれば、私たち試合に勝てたかな?
With a little more effort, could we have won the game?
008 インターネットがなかったら、どうやって友達と連絡取るんだ?
Without the Internet, how could I keep in touch with my friends?
009 君がいなかったら、僕らは道に迷っていたと思うよ。
Without you, I think we would have been lost.
010 唐辛子なしじゃ、きっとこのピザはそんなにおいしくないよ。
Without the red peppers, I'm sure the pizza would not taste so good.

## UNIT 14

001 スマホがあればなあ。
I wish I had a smartphone.
002 コウタが私の彼氏だったらなあ。
I wish Kota was my boyfriend.
003 私たち、同じクラスだったらよかったのにね。
I wish we were in the same class.
004 その映画がそんなに怖くなければいいんだけど。
I wish the movie was not so scary.
005 もっと早く彼に会っていたらなあ。
I wish I had met him earlier.
006 あんなこと言わなければよかった。
I wish I hadn't said that.
007 車が運転できればいいなって思う?
Do you wish you could drive a car?
008 きょうだいがいたらいいなって思う?
Do you wish you had a brother or sister?
009 もっと英語が上手に話せればいいのになっていつも思ってるんだ。
I always wish I could speak English better.
010 中学に戻れたらいいと思ったことはないな。
I've never wished I could go back to middle school.

## UNIT 15

001 お昼ごはんは買うより作るよ。
I would rather make lunch than buy it.
002 彼はタクシーに乗るよりは歩くよ。
He would rather walk than take a taxi.
003 彼はけんかするよりは謝るよ。
He would rather apologize than fight.
004 残り物のピザ食べるくらいなら、食べなくていいよ。
I would rather not eat than eat a leftover pizza.
005 雨にぬれるくらいなら、出かけない方がいいよ。
I would rather not go out than get wet in the rain.
006 お寺を訪ねるよりは、温泉に行きたかったな。
I would have rather been to a hot spring than have visited a temple.
007 図書館に行くより、カフェで勉強したかったな。
I would have rather studied in a café than have gone to the library.
008 ビーチで寝そべってるより、泳ぐ方がいい?
Would you rather go swimming than lie on the beach?
009 働き始めるよりは、留学したいと思う。
I think I would rather study overseas than start working.
010 無駄遣いするくらいなら、だんぜん貯金するわ。
I would definitely rather save money than spend it on nothing.

## UNIT 16

001 この歌はとてもやさしいから、誰でも歌えるよ。
This song is so easy that anyone can sing it.
002 このクッキー大好きだから、誰にも分けてあげたくないの。
I like these cookies so much that I don't want to share them with anyone.
003 うれし過ぎて言葉が出てこない。
I feel so happy that I can't say a word.
004 このコーヒーは熱過ぎて飲めない。
This coffee is so hot that I can't drink it.
005 その公園は歩いていけないほど遠くないよ。
The park is not so far that you can't get to it.
006 天気がとてもよかったので、散歩に出かけた。
The weather was so nice that I went out for a walk.
007 その映画はとても面白くて、笑いが止まらなかったよ。
The movie was so funny that I couldn't stop laughing.
008 彼はとても忙しそうだったので、私たちは話しかけなかった。
He seemed so busy that we didn't talk to him.
009 その話はすごく変だったから、彼は信じようとしなかったんだ。
The story was so strange that he wouldn't believe it.
010 かわいいキャラがいっぱいあるから、1つだけ選べないよ。
There are so many cute characters that I could not choose just one.

## UNIT 17

001 またテレビを見られるように、さっさと宿題を終わらせよう。
I'll finish the homework quickly so that I can go back to watching TV.
002 やせられるように、食べ過ぎをやめなさいよ。
Stop eating too much so that you can slim down.
003 もっとよく見えるように、こっちに来て座りなよ。
Come and sit here so that you can see better.
004 メッセージを送るには ここをクリックして。
Click here so that you can send a message.
005 ガッカリしないように、あんまり期待しないで。
Don't expect too much so that you will not be disappointed.
006 彼女は遅刻しないように早く家を出た。
She left home early so that she would not be late.
007 百万長者になれるように、今週宝くじを買ったんだ！
I bought a lottery ticket this week so that I could be a millionaire!
008 後で食べられるように、お菓子を取ってあるの？
Are you saving the snack so that you can eat it later?
009 忘れないようにメモを取ってくれる？
Can you take notes so that you will not forget?
010 彼女が傷つかないように、それを秘密にしておきたいんだ。
I want to keep it secret so that she will not get hurt.

## UNIT 18

001 その問題は、難し過ぎて私には答えられない。
That question is too difficult for me to answer.
002 このケーキ、甘過ぎて食べられない。
This cake tastes too sweet to eat.
003 おなかがすき過ぎて何も考えられなかった。
I was too hungry to think.
004 バレエを習い始めるのに年を取り過ぎてるってことはないよ。
You are not too old to start learning ballet.
005 僕の自転車、君が乗るのに大き過ぎるってことはないよ。
My bike is not too big for you to ride.
006 この靴、1カ月のお小遣いで買えないほど高くはなかったよ。
These shoes were not too expensive to buy with my monthly allowance.
007 マラソンするにはこの天気は暑過ぎるよね？
The weather is too hot for us to run a marathon, isn't it?
008 このお茶、君が飲むには熱過ぎるかな？
Is this tea too hot for you to drink?
009 試験の準備を始めるには早過ぎると思わない？
Don't you think it's too early to prepare for the exam?
010 彼らが怒ってて私たちと一緒にいられない、なんてことがないといいけど。
I hope they are not too angry to stay with us.

## UNIT 19

001 成長するためには牛乳を飲まないと。
We should drink milk in order to grow.
002 目標達成のためには助け合わないと。
We should help each other in order to achieve our goal.
003 寝過ごさないよう目覚ましをセットしよう。
I will set my alarm clock in order not to oversleep.
004 彼にメールを送るために携帯を買った。
I bought a cellphone in order to text him.
005 ログインするためにパスワードを入力した。
I entered my password in order to log in.
006 彼は電車に乗り遅れないよう走った。
He ran in order not to miss the train.
007 生きるためにほかの動物を食べないといけないのかな?
Do we have to eat other animals in order to live?
008 モデルになるには何をすればいいの?
What do I need to do in order to be a model?
009 もっと部員が集まるよう、彼に話してみよう。
Let's talk to him in order to get more members.
010 会う約束をするために、彼に電話してみれば?
Why don't you call him in order to make an appointment?

## UNIT 20

001 このスカートは太ももを隠すのに十分だわ。
This skirt is long enough to cover my thighs.
002 それについて話す時間は十分にあるよ。
We have enough time to talk about it.
003 焼き芋2つ買えるほどのお金はないな。
I don't have enough money to buy two roast sweet potatoes.
004 この電池には携帯を立ち上げるだけの力がない。
The battery doesn't have enough power to start the cellphone.
005 僕は彼女にダメだと言えるほど強くないんだよ。
I am not strong enough to say no to her.
006 いい点が取れるほど十分に勉強していなかったんだ。
I didn't study hard enough to get a good score.
007 みんなで分けるのに十分なだけのキャンディーがある?
Do you have enough candy to share with everyone?
008 私、留学するのに十分な英語力があるかな?
Is my English good enough to study overseas?
009 彼女は過ちを認められるくらい大人だろう。
She would be adult enough to admit a mistake.
010 鈴木さんに話しかけられるくらいの勇気があればなあ。
I hope I can be brave enough to talk to Suzuki-*san*.

## UNIT 21

001 コーヒー飲むと目を覚ましていられるんだ。
Coffee helps me stay awake.
002 野菜は健康であるために役立つんだよ。
Vegetables help you keep healthy.
003 このアプリはブログを書くのに全然役に立たないな。
This application doesn't help me write a blog at all.
004 電気自動車は地球の温暖化抑制に役立つだろう。
Electric cars will help stop global warming.
005 彼女は数学の問題を解くのを手伝ってくれた。
She helped me solve the math problem.
006 ミーティングのおかげで互いに分かり合えるようになった。
The meeting helped us understand each other.
007 コピー取るの手伝ってくれない?
Can you help me make some copies?
008 体育館にマットを運ぶの手伝ってくれない?
Can you help us bring the mattress to the gym?
009 なくした鍵を見つけるの、手伝ってくれないかな?
Do you think you can help me find my lost key?
010 語学力向上のためには何が役立つかな?
What would help me improve my language skills?

## UNIT 22

001 モエもカリンも私の友達だよ。
Both Moe and Karin are friends of mine.
002 学校に来るのに、電車かバスを使ってます。
I take either the train or the bus to come to school.
003 エレナにもマミにも会わなかったよ。
I didn't see either Elena or Mami.
004 このアルバムはよくも悪くもないよ。
This album is neither good nor bad.
005 チーズケーキもチョコレートケーキも好きじゃない。
I like neither cheese cake nor chocolate cake.
006 今日はダイチもケンタも来ないよ。
Neither Daichi nor Kenta is coming today.
007 おにぎりもパンも買ったんだ。
I bought both rice balls and bread.
008 今日はお母さんもお父さんも家にいるの?
Are both Mom and Dad at home today?
009 マリもサヤカも私に賛成してくれているみたい。
Both Mari and Sayaka seem to agree with me.
010 一年のこの時期、ニューヨークは寒くも暑くもないだろうな。
At this time of the year, New York would be neither cold nor hot.

## UNIT 23

001 これは写真じゃなくて絵なんだ。
It is not a photo but a painting.
002 君が言っているのは理由じゃなくて言い訳だよ。
What you are saying is not a reason but an excuse.
003 卒業とは、終わりではなく始まりなんだよ。
Graduation is not the end but the beginning.
004 彼らの問題は、外側じゃなく内側にある。
Their problem is not on the outside but on the inside.
005 英語を勉強するのは、やらなくちゃいけないからじゃなくて、好きだからだよ。
I study English not because I have to but because I like it.
006 そのマンガは1回だけじゃなくて2回読んだ。
I read the comic book not once but twice.
007 それは幽霊じゃなくて木の枝だった。
It was not a ghost but a tree branch.
008 コウジにチョコをあげたのはミナミではなくてナナだよ。
It was not Minami but Nana who gave Koji a chocolate.
009 そのバッグはここにはないけれど、洋服ダンスのどこかにあるよ。
The bag is not here but somewhere in the closet.
010 僕の英語はとても上手ってほどじゃないけど、彼の言うことを理解するには十分だよ。
My English is not great but good enough to understand him.

## UNIT 24

001 そのシャツは君をよりかっこよく見せてくれてるよ。
The shirt makes you look better.
002 メガネをかけるとよりはっきり見えるんだよ。
The glasses make me see clearer.
003 その本を読むと、現代の社会問題について理解できる。
The book makes us understand the current social problems.
004 その音楽を聞いても幸せな気分になれない。
The music doesn't make me feel happy.
005 お母さんにスーパーに行かされた。
Mom made me go to a supermarket.
006 ライラは私に、ピーナッツバターとジャムのサンドイッチを試食させた。
Laila made me try a peanut butter and jelly sandwich.
007 その映画は泣けた？
Did the movie make you cry?
008 どうしてそんなふうに考えるようになったの？
What made you think that?
009 弟にサンタは本当にいるって信じさせたんだ。
I made my brother believe that Santa Claus was real.
010 3歳のときにピアノを習わされたの。
I was made to have piano lessons at the age of 3.

## UNIT 25

001 歯医者で歯をきれいにしてもらったんだ。
I had my teeth cleaned at the dentist.
002 その話は納得のいくものだった。
The story had me convinced.
003 その動画にショックを受けた。
The video had me shocked.
004 自転車が盗まれちゃった。
I had my bike stolen.
005 携帯を新しいのと交換したんだ。
I've had my cellphone exchanged for a new one.
006 彼女はまだパソコンを修理していない。
She hasn't had her PC fixed yet.
007 それ、もうやってもらった?
Have you had it done yet?
008 腕時計直してもらった?
Did you have your watch repaired?
009 僕、それを分かっていると思っていたよ。
I thought I had it figured out.
010 髪の毛を短くするんじゃなかった。
I shouldn't have had my hair cut short.

## UNIT 26

001 彼が授業中眠っているのを見た。
I saw him sleeping in class.
002 お風呂で兄が歌っているのを聞いた。
I heard my brother singing in the bath.
003 彼は気温が上がるのを感じた。
He felt the temperature go up.
004 彼が何か言うのは聞かなかったよ。
I didn't hear him say anything.
005 私たちは彼が何時間も話をするのを聞いていた。
We were listening to him talk for hours.
006 谷を通って流れている川の音が聞こえる?
Can you hear the river running through the valley?
007 車が向かって来ているのが見える?
Can you see the car coming along?
008 公園で犬がほえているのを聞いた?
Did you hear a dog barking in the park?
009 風が吹くのを感じるのは気持ちいいね。
It's nice to feel the wind blowing.
010 彼がギターを弾くのを聞くのが大好きなの。
I love listening to him play the guitar.

## UNIT 27

001 どんなに遠く離れたとしても、いつでも家に帰ってくるよ。
No matter how far I go, I always return home.

002 どんなにがんばっても、まだ間違ってしまうんだよ。
No matter how hard I try, I still make mistakes.

003 君が誰であろうとも、歓迎するよ。
No matter who you are, we welcome you.

004 問題があったら、いつでも電話してね。
No matter when you have a problem, you can always call me.

005 何が何でも、試合に勝つんだ！
No matter what it takes, we will win the game!

006 いつ電話しても誰も出なかった。
No matter when I called, there was no answer.

007 何があっても僕らはいつも友達だよ。
No matter what happens, we will always be friends.

008 私が何を言っても信じてくれる？
Will you believe me no matter what I say?

009 どんなに時がたっても、人は変わらないでいると思う？
Do you think people stay the same no matter how much time passes?

010 どこへ行っても、連絡を取り合おうね。
Let's keep in touch no matter where we go.

## UNIT 28

001 チョコレートが大好きで、食べずにはいられないの！
I can't help eating chocolate because I love it!

002 彼女の冗談には笑わずにはいられないよ。
I can't help laughing at her jokes.

003 授業でどうしても眠ってしまう。
I can't help sleeping in class.

004 その話を読んだときには泣かずにはいられなかった。
I couldn't help crying when I read the story.

005 彼はその秘密を僕らに言わずにはいられなかったんだ。
He couldn't help telling us the secret.

006 痛くて叫ばずにいられなかった。
I couldn't help yelling in pain.

007 彼がそう言ったとき、彼をじっと見ずにはいられなかった。
When he said that, I couldn't help looking at him.

008 その音、出さずにはいられないの？
Can't you help making that noise?

009 どうして彼女のことを考えずにはいられないんだろう。
I wonder why I can't help thinking about her.

010 どうしてか、毎日この古い靴をはきたくなっちゃうんだ。
I don't know why, but I can't help wanting to wear these old shoes every day.

## UNIT 29

001 私は音楽を聞きながら眠る。
I go to sleep listening to music.
002 通りを歩いていると、リョウタに会った。
Walking along the street, I met Ryota.
003 何もすることがなかったので、マミに電話した。
Having nothing to do, I called Mami.
004 誕生日は家族とゲームをして過ごした。
I spent my birthday playing a game with my family.
005 すぐ後ろにいるとは知らず、私たちは彼女のことを話し始めてしまった。
Not realizing she was right behind us, we started talking about her.
006 そんなに興味がなかったので、彼女にそのことを尋ねなかった。
Not really being interested, I didn't ask her about it.
007 テレビを見ながら一日中家にいたの？
Were you at home all day watching TV?
008 スマホを使いながら歩くのは危険です。
It is dangerous to walk while using your smartphone.
009 家に鍵をかけずに出かけることにしたんだ。
I decided to go out, leaving my house unlocked.
010 家に鍵をかけずにここにいるんだよ。
I'm here with my house unlocked.

## UNIT 30

001 宿題をやっておくべきだった。
I should have done my homework.
002 彼女は最初からそれを知っていたに違いない。
She must have known it from the beginning.
003 それは彼にとって恐ろしい経験だったろう。
It may have been a horrible experience for him.
004 昨日通りで見かけたのは鈴木先生だったに違いない。
It must have been Mr. Suzuki who I saw on the street yesterday.
005 恐竜が当時、生きていたはずがない。
Dinosaurs couldn't have been alive at that time.
006 クッキー1袋全部食べるんじゃなかった。
I shouldn't have eaten the whole bag of cookies.
007 彼女、私に怒っていたっていう可能性あるかな？
Could she have been angry at me?
008 東阪大を選ぶべきだったのかな？
Should I have chosen Tohan University?
009 彼女には理由があったに違いないと、僕は分かっているよ。
I know she must have had a reason.
010 私たち、それについてもっと話し合うべきだったと思う？
Do you think we should have talked more about it?

**Profile**

## 中野達也
Tatsuya Nakano

東京学芸大学大学院修士課程修了。教育学修士。長野県の公立中学教諭を経て、東京都立高校数校に勤務。2014年現在、中高一貫校である東京都立白鷗高等学校・附属中学校主任教諭。平成11年度には東京都の交換教員として、オーストラリアのシドニーで日本語教育に従事した。第60回読売教育賞優秀賞、第48回ELEC賞A部門受賞。アルク教員セミナー、ELEC教員研修会などの講師も務める。主な著書に、検定教科書『All Aboard！』（東京書籍）、『教科書だけで大学入試は突破できる』（大修館書店）、『1日5分！ 英文法リアクション・トレーニング基礎編・応用編』（アルク）などがある。

参考文献：『教科書だけで大学入試は突破できる』
（金谷 憲編著／大修館書店）

---

書名　**ヒビスピ**
高校生の「日々」を表現するスピーキング練習帳

発行日　2014年9月17日（初版）

監修・執筆：中野達也
編集：文教編集部、原弘子
英文作成：足立恵子（サイクルズ・カンパニー）
編集協力：株式会社群企画
英文校正：Peter Branscombe、Margaret Stalker
アートディレクション・本文デザイン：岡睦（mocha design）
カバー・本文イラスト：JUN OSON
ナレーション：Josh Keller、Julia Yermakov、桑島三幸
録音・編集：有限会社ログスタジオ
CDプレス：株式会社学研教育出版
DTP：朝日メディアインターナショナル株式会社
印刷・製本：シナノ印刷株式会社
発行者：平本照麿
発行所：株式会社アルク
　　　　〒168-8611 東京都杉並区永福2-54-12
　　　　TEL：03-3327-1101 FAX 03-3327-1300
　　　　E-mail：csss@alc.co.jp
　　　　Website：http://www.alc.co.jp/

中学・高校での一括採用に関するお問い合わせ
koukou@alc.co.jp（アルクサポートセンター）

- 落丁本・乱丁本は、弊社にてお取り替えいたしております。アルクお客様センター（電話：03-3327-1101　受付時間：平日9時〜17時）までご相談ください。
- 本書の全部または一部の無断転載を禁じます。
- 著作権法上で認められた場合を除いて、本書からのコピーを禁じます。
- 定価はカバーに表示してあります。

©2014 Tatsuya Nakano / ALC PRESS INC.
Ayako Adachi / JUN OSON
Printed in Japan.
PC：7014052
ISBN：978-4-7574-2471-5

地球人ネットワークを創る
アルクのシンボル
「地球人マーク」です。